# *Cozinha sem segredos*
*Receitas, truques & dicas*

# Livros do autor na Coleção **L&PM** Pocket

*100 receitas de aves e ovos*
*200 receitas inéditas do Anonymus Gourmet*
*Anonymus Gourmet em Histórias de cama & mesa*
*Dieta mediterrânea* (c/Fernando Lucchese)
*Comer bem sem culpa* (c/Fernando Lucchese e Iotti)
*Cozinha sem segredos*
*Mais receitas do Anonymus Gourmet*
*Na mesa ninguém envelhece*
*Novas receitas do Anonymus Gourmet*
*Receitas da família*
*Voltaremos!*

José Antonio Pinheiro Machado

# *Cozinha sem segredos*

*Receitas, truques & dicas*

www.lpm.com.br

Coleção **L&PM** Pocket, vol. 340

Primeira edição na Coleção **L&PM** POCKET: outubro de 2003
Esta reimpressão: setembro de 2007

*Capa*: Marco Cena
*Foto da capa*: Leonid Streliaev
*Projeto gráfico e editoração*: Jó Saldanha
*Revisão*: Renato Deitos, Jó Saldanha e Flávio Dotti

ISBN 978-85-254-1309-3

---

P654c   Pinheiro Machado, José Antonio,
          Cozinha sem segredos/ José Antonio Pinheiro
      Machado. – Porto Alegre: L&PM, 2007.
          176 p. ; 18 cm. – (Coleção L&PM Pocket)

          1.Gastronomia. 2.Arte culinária-receitas. 3.Machado,
      José Antonio Pinheiro, 1949-. I.Título. II.Série.

                                  CDU 641.55(083.12)

Catalogação elaborada por Izabel A. Merlo, CRB 10/329.

---

© José Antonio Pinheiro Machado, 2003

Todos os direitos desta edição reservados a L&PM Editores
Rua Comendador Coruja 314, loja 9 – Floresta – 90220-180
Porto Alegre – RS – Brasil / Fone: 51.3225.5777 – Fax: 51.3221-5380

PEDIDOS & DEPTO. COMERCIAL: vendas@lpm.com.br
FALE CONOSCO: info@lpm.com.br
www.lpm.com.br

Impresso no Brasil
Primavera de 2007

# Sumário

Apresentação ............................... / 7

RECEITAS

Massas ........................................ / 11
Carnes ......................................... /18
Aves ............................................ / 39
Diversos ...................................... / 45
Arroz ........................................... / 64
Peixes .......................................... / 70
Caldos e sopas ............................ / 74
Biscoitos, bolos, cucas e pães ...... / 79
Sobremesas ................................. / 89

CURIOSIDADES, DICAS E TRUQUES

Curiosidades ............................. / 109
Dicas de economia .................... / 117
Dicas de saúde .......................... / 124
Pequenos truques ...................... / 144

Índice alfabético de receitas ...... / 174
Índice das curiosidades, dicas e
truques por assunto ................... / 177

# O segredo da cozinha

O segredo destas receitas é que são fáceis de fazer, com ingredientes baratos que fazem parte do mundo das pessoas e proporcionam resultados surpreendentes. A mágica é a sensação de fazer um grande prato com pouco dinheiro, sem perda de tempo e, muitas vezes, sem ter a prática de um grande chefe. Outro segredo que tenho muita alegria em partilhar é o espírito de equipe que nós temos. Aqui cabe um agradecimento, em primeiro lugar, aos companheiros da RBS. Ciça Kramer, antes de ser a diretora impecável, tem sido uma amiga inexcedível, contribuindo com dicas, receitas, truques e, sobretudo, com sua formidável competência. As imagens, a paciência e o companheirismo do Trindade foram decisivos. Sem a Linda, teria sido impossível. Ela e a Márcia ajudaram, vigiaram. A Márcia provou que gravidez não é doença e ajudou nas receitas até hoje, 17 de setembro de 2003, quando o livro ficou pronto e ela teve que ir ao hospital, porque o Miguel Ângelo queria uma vaga nesta cozinha. Um beijo para a Lúcia, a Jó, a Vera, a Daice, a Cacá, o Ivan, o Lima, e todo o time da L&PM que pôs de pé mais este.

José Antonio Pinheiro Machado
*Anonymus Gourmet*

# *Receitas*

## Anjos de Natal

peru desfiado
tomates picados
massa de tomate
folhas de manjericão
massa cabelinho de anjo
sal

Esta receita foi criada para aproveitar as sobras do peru de Natal, por isso, as quantias dos ingredientes dependerão da quantidade de peru que sobrar. Aqueça o azeite e refogue o peru desfiado, acrescentando tomate picado com uma boa porção de massa de tomate. Deixe cozinhar por alguns minutos e acrescente folhas de manjericão. À parte, cozinhe a massa cabelinho de anjo em água fervente e já salgada, cuidando para não ultrapassar o tempo de cozimento. Escorra a massa, acrescente o molho, mexa e sirva.

## Cappelletti ao cubo
(6 pessoas)

500g de cappelletti
500g de filé suíno
1 cebola
1 tomate
1 copo de caldo de galinha
1 copo de vinho branco
1 copo de requeijão
queijo parmesão ralado
sal
azeite

Coloque a carne suína cortada em cubos para fritar no azeite, em uma frigideira que possa ir ao forno. Quando a carne estiver branca, acrescente a cebola e o tomate picados. Em seguida, o caldo de galinha e o requeijão. Acerte o sal. Depois coloque os cappelletti para cozinhar no molho. Deixe o tempo indicado na embalagem, em média cinco minutos. Retire do fogo, acrescente o requeijão e o queijo ralado por cima. Leve ao forno para gratinar. Está pronto!

# Espaguete do papai
(com 4 opções de molhos)

(6 pessoas)

500g de espaguete
3 colheres de azeite
sal

**Para o molho bechamel:**
1 litro de leite
300g de manteiga
4 colheres de sopa de farinha de trigo (bem cheias)
½ copo de caldo de galinha
3 dentes de alho
1 pitada de pimenta branca

**Para o molho quatro queijos:**
5 conchas de molho bechamel
50g de queijo mozarela ralado grosso
50g de queijo parmesão ralado
50g de queijo lanche
½ copo de requeijão

**Para o molho de tomates:**
1 xícara de molho de tomate
3 conchas de molho bechamel

**Para o molho de mostarda:**
½ xícara de mostarda
3 a 4 conchas de molho bechamel

Primeiro faça o molho bechamel. Bata todos os ingredientes no liquidificador e leve para uma frigideira para engrossar. Mexendo sempre. Depois de pronto, ele servirá de base para os outros molhos. Para fazer o de quatro queijos, separe umas cinco conchas do bechamel e aqueça numa outra frigideira. Coloque os queijos, um por um, e misture bem até que todos estejam derretidos. Para fazer o molho de mostarda, misture umas três ou quatro conchas do bechamel com a mostarda. Mexa bem. Para fazer o molho de tomates, junte três conchas do bechamel ao molho de tomate. Misture bem. Quando todos os molhos estiverem prontos, prepare o espaguete. Numa panela com água fervendo coloque a massa. Em seguida, acrescente as colheres de azeite e duas pitadas de sal. Deixe cozinhar pelo tempo indicado na embalagem do espaguete. Quando a massa estiver pronta, aqueça os molhos e sirva!

## Macarrão de forno

(6 pessoas)

500g de massa já cozida
1 molho de espinafre
500g de lingüiça
1 xícara de azeitona

4 ovos
200g de queijo ralado
200g de queijo fatiado

Misture a massa pronta (pode ser a que sobrou na geladeira) com a lingüiça cortada em rodelas, os ovos, o queijo ralado e as azeitonas picadas. Unte uma fôrma de pudim e depois cubra as paredes e o fundo com as folhas de espinafre. Não esqueça o cone central. Por cima do espinafre coloque o queijo em fatias, cobrindo bem todos os espaços. Bem forrada a fôrma, coloque o macarrão misturado aos outros ingredientes. Precisa ficar bem compactado. Leve ao forno por, em média, 30 minutos. Retire do forno, deixe esfriar um pouco e desenforme.

## Macarronada da mamãe

(6 pessoas)

500g de massa
1kg de carne de segunda
100g de manteiga
2 colheres de farinha de trigo
3 colheres de massa de tomate
1 copo de vinho
1 copo de suco de laranja

1 copo de caldo de carne
100g de queijo parmesão ralado

Corte a carne em cubos, tempere-a com sal e passe-a na farinha de trigo. Depois, coloque-a em uma panela com três colheres de azeite, um pouco de manteiga e uma colher de massa de tomate. Deixe dourar a carne dos dois lados. Em seguida, acrescente os outros ingredientes, menos o queijo e o restante da manteiga. Deixe o molho cozinhar. Ao cozinhar a massa, é importante colocar azeite na água. Ainda no escorredor, coloque o queijo e a manteiga, para ficar com gosto de massa caseira. Quando a massa estiver pronta, cubra-a com o molho e está pronto!

## Massa caseira da vovó
(6 pessoas)

500g de farinha de trigo
6 ovos
1 colher de sal
1 carcaça de galinha

Coloque a carcaça de galinha para cozinhar para fazer um caldo. Enquanto isso, misture bem a farinha com os ovos, até obter uma massa uniforme.

Deixe descansar por 20 minutos. Abra a massa com um rolo, deixando-a bem fininha. Polvilhe com um pouco de farinha de milho (para não grudar) e enrole-a. Corte como se fosse uma couve. Depois, é só abrir os rolinhos resultantes. Então retire a carcaça da água na qual estava fervendo e coloque a massa, com uma colher de sal e um fio de azeite de oliva, o que dará um gosto especial à massa. Era este o sistema da vovó.

## Pizza de espaguete
(6 pessoas)

500g de espaguete já cozido
2 copos de molho de tomate
200g de queijo
200g de presunto
1 tomate

Coloque o espaguete já cozido numa fôrma de pizza e leve ao forno por 10 minutos, até compactar bem, ficando quase como um disco de pizza. Depois cubra-o com um copo de molho de tomate, queijo, presunto, mais molho de tomate e, por cima de tudo, rodelas de tomate. Leve ao forno até derreter o queijo e está pronto!

## Alcatra ao tomate com ervas

(4 pessoas)

500g de alcatra em bifes finos
1 cebola picada
2 tomates picados
1 dente de alho bem picado
2 colheres de massa de tomate
1 copo de caldo de carne
1 copo de vinho tinto
2 colheres de salsa picada
2 colheres de manjericão picado
2 colheres de orégano seco
2 colheres de farinha de trigo
azeite de oliva
sal e pimenta a gosto

Tempere os bifes com sal e pimenta. Passe-os no azeite de de oliva e na farinha. Leve-os a fritar numa frigideira com três colheres de azeite de oliva. Doure-os rapidamente dos dois lados e acrecente a cebola, o tomate, o alho e dê uma rápida refogada, salpicando uma colher de farinha de trigo por cima e mexendo bem. Acrescente um copo de caldo de carne e um copo de vinho tinto e as ervas. Deixe cozinhar um pouco até engrossar o molho e está pronto.

## Almôndega porco-espinho
(6 pessoas)

500g de carne moída
1 ovo batido
250g de suco de tomate
¼ de xícara de chá de arroz cru
2 colheres de sopa de cebola picadinha
1 colher de sopa de salsinha picada
sal e pimenta-do-reino a gosto
1 colher de chá de molho inglês

Numa tigela, misture o ovo com ¼ de xícara de suco de tomate. Junte o arroz, a cebola e a salsinha e tempere com sal e pimenta. Adicione a carne e misture bem. Molde a mistura em vinte bolinhas e coloque-as numa frigideira. Misture o suco de tomate restante com o molho inglês e meia xícara de água. Despeje sobre as almôndegas, deixe ferver e reduza o fogo. Tampe e cozinhe por 35 a 40 minutos, mexendo sempre.

## Assado de carne moída

(8 pessoas)

½ molho de brócolis
2 ovos
2 cebolas
2 tomates
1kg e ½ de carne moída
½ pimentão vermelho
½ pimentão verde
½ pimentão amarelo
1 cenoura
2 colheres de farinha de trigo
100g de queijo ralado
3 colheres de molho de soja
sal

Tempere a carne com sal e acrescente o molho de soja, a farinha, os ovos, as cebolas e os tomates picados. Misture bem até obter uma massa homogênea. Unte uma fôrma com fundo removível. Coloque a massa de guisado e acrescente os demais ingredientes: a cenoura cortada em rodelas, os brócolis e os pimentões cortados. Coloque mais uma camada de carne e faça assim até cobrir toda a fôrma. Por último, um toque de queijo ralado. Leve ao forno por, em média, uma hora. Está pronto! Sirva bem quente!

# Bifinhos à portuguesa

(4 pessoas)

4 bifes médios bem batidos
2 cebolas
4 tomates
1 dente de alho
1 batata cozida
1 vidro de azeitonas sem caroço
½ copo de vinho tinto
½ xícara de caldo de carne
1 colher de manteiga
1 colher de farinha de trigo

Esta é a receita de uma refeição completa feita em uma única panela. O ideal é usar uma panela ou frigideira ampla. A idéia é incrementar os bifinhos comuns do dia-a-dia, transformando-os num banquete. Com tomates, cebolas, batatas e mais alguns ingredientes que você tem em casa, dá para fazer este prato saboroso e incrementar também o acompanhamento. Primeiro, passe um pouco de azeite nos bifinhos para deixar a carne ainda mais macia. Depois tempere-os com sal. Numa frigideira ou panela grande, coloque um pouco de azeite e a colher de manteiga. Quando a manteiga derreter, coloque o dente de alho cortado ao meio e frite-o, passando-o com a colher pelo azeite, para dar gosto, e retirando-o antes que fique queimado. Arrume os bifinhos na frigideira, deixando um espaço no meio: coloque ali a batata, cortada em rodelas. Depois acrescente as cebolas e os tomates, também em rodelas. Vire as batatas e os bifinhos. Coloque as azeitonas sem caroço e cortadas em rodelas. Retire os bifinhos e as batatas. No molho restante, acrescente a farinha de trigo. Mexa bem. Coloque o vinho e o caldo de carne. Misture bem até engrossar o molho. Numa travessa, arrume as batatas com os bifinhos por cima. Cubra com parte do molho. O restante do molho, que ficou na panela, deve ser misturado ao arroz já pronto. Sirva esse arroz com os bifinhos e as batatas.

## Boi ralado no forno
(8 pessoas)

1kg e ½ de guisado bovino
2 dentes de alho picados
2 cebolas picadas
2 tomates picados
2 ovos
queijo parmesão ralado
sal e pimenta a gosto

Boi ralado é como os nordestinos chamam o nosso velho e bom guisado. O ideal é utilizar o guisado com um mínimo de gordura. Misture o guisado com alho, cebola e tomate bem picados e também com ovos, temperando com sal e pimenta. Tem que misturar bem, deixando uma massa homogênea. Acomode essa mistura numa fôrma bem untada, polvilhando a superfície com queijo ralado. Leve ao forno por uns 40 minutos, aproximadamente, e está pronto o Boi ralado no forno. Fica uma beleza. Pode ser um prato único, acompanhado por uma boa salada.

## Carne assada em cama de cebola e alho
### Receitinha rápida portuguesa

(4 pessoas)

1kg de carne bovina
2 cebolas picadas
2 dentes de alho picados
azeite de oliva a gosto
1 cálice de vinho branco

O ideal é uma carne mais macia, como o filé mignon, contrafilé, picanha etc. Numa fôrma, faça uma cama de cebola e alho picados, azeite de oliva e vinho branco. Por cima coloque o pedaço de carne. Leve para assar em forno médio. Retire a carne quando estiver pronta e passe no liquidificador aquela cama de cebola, alho, azeite e vinho branco, que ficará enriquecida pelos sucos da carne e servirá como ótimo molho.

## Carne de panela com batatas
(6 pessoas)

1kg de coxão duro cortado em cubos grandes
3 dentes de alho
½ xícara de shoyu
2 colheres de sopa de molho inglês
4 colheres de mostarda
1 cebola picada
3 batatas descascadas e cortadas em cubos grandes
sal
suco de limão

Corte a carne em cubos grandes e tempere com todos os temperos acima. Deixe no tempero por umas 3 horas, ou de um dia para o outro na geladeira. Numa panela de pressão, sem a tampa, coloque um pouquinho de óleo e frite a carne aos poucos em fogo alto, com cuidado para que não junte água. Até ficar bem dourada, então junte a cebola, sempre pingando um pouquinho do molho do tempero com um pouco de água, quando houver necessidade, para não queimar e para que a carne absorva o tempero e o molho vá ficando mais grosso. Depois disso, adicione água até o nível máximo da panela de pressão, tampe e deixe cozinhar. Depois de chiar, cozinhe por uns 45 minutos a 1 hora. Abra a panela e coloque as batatas, se preciso adicione mais água. Deixe-as cozinhando até o ponto desejado. Como acompanhamento, sirva um arroz branco, uma salada verde e uma farofa.

## Carne dos 30 alhos
(6 pessoas)

800g de carne bovina
30 dentes de alho com casca
3 colheres de sopa de massa de tomate
1 colher de sopa de farinha de trigo
100g de manteiga
3 copos de caldo de carne
1 copo de vinho branco
azeite de oliva

O mais surpreendente desta receita é que não fica aquele gosto agressivo do alho. Fica um sabor delicado e agradável. Use um bom pedaço de carne, passe-o na farinha e leve-o para dourar com um pouco de manteiga e azeite de oliva, numa panela ampla. Depois, acrescente os dentes de alho com a casca, a massa de tomate, o vinho e o caldo de carne. Deixe cozinhar por uns minutos, o suficiente para amolecer o alho, que deve ficar como um creme no interior da casca. Retire a carne da panela e reserve. Enquanto isso, o molho que ficou na panela deve ser coado para separar as cascas de alho. No coador, aperte os dentes de alho, que vão estar macios e cremosos, fazendo com que se solte o seu conteúdo, e passe pelo coador, formando uma espécie de molho cremoso. Leve esse molho, já coado, de volta para a panela e deixe abrir fervura. Retire do fogo, coloque um pedaço de manteiga e misture. Junte o molho à carne e sirva!

## Charque farroupilha

(6 pessoas)

1kg de charque
2 cebolas
2 dentes de alho
½ pimentão vermelho

250g de purê de tomates
1 lata de milho
tempero verde a gosto

Corte o charque em tirinhas e lave bem, deixando-o de molho na água de véspera. Troque a água de 2 a 3 vezes durante este tempo. Cortado em tiras pequenas, é sempre mais fácil para tirar o sal. Depois, deixe escorrer e frite-o numa panela de ferro bem quente. Quando estiver dourado, acrescente cebola e alho picados, pimentão vermelho cortado em tiras e purê de tomate. Refogue bem, adicionando água até cobrir o charque. Deixe cozinhar por cerca de 20 minutos, ou até ficar bem macio. No fim, acrescente milho, misturando bem. Salpique o tempero verde por cima; vai dar um belo contraste. Sirva com arroz branco.

## Cola gaita
(6 pessoas)

1kg de aipim
1kg e ½ de espinhaço de ovelha
4 dentes de alho
2 xícaras de farinha de mandioca
3 colheres de massa de tomate

2 cebolas
1 copo de caldo de carne

Numa panela ampla, coloque azeite e o espinhaço de ovelha cortado em pedaços. Deixe fritar de um lado e depois do outro. Coloque uma colher de sal. Em seguida os dentes de alho e a cebola picados, a massa de tomate e o caldo de carne. Misture bem. Coloque mais um copo de água e tampe a panela. Deixe cozinhar uns minutos. Em outra panela, coloque o aipim para cozinhar com água. Quando amolecer, está pronto. Coloque o aipim e a água dele na panela grande com o espinhaço. Misture bem. Deixe abrir a fervura e vá colocando a farinha aos poucos. Se você gosta de um pirão mais grosso, coloque mais farinha. Se gosta do pirão mais mole, coloque mais água. Misture bem e está pronta a cola gaita!

## Colchão alemão
(6 pessoas)

bifes bem batidos
farinha de rosca
farinha de trigo
presunto
queijo

Para o molho branco (bechamel):
4 colheres bem cheias de farinha de trigo
1 litro de leite
2 colheres bem cheias de manteiga
mostarda

O MOLHO: A maneira mais fácil de fazer o bechamel é bater no liquidificador a farinha de trigo, o leite fervido e coado, sal, pimenta branca e a manteiga (que pode ser previamente derretida em banho-maria). Quando formar uma mistura homogênea, leve ao fogo baixo, mexendo bastante, até que cozinhe e engrosse. Misture duas colheres de boa mostarda, para dar o toque de Dijon ao molho, e besunte a superfície com um pouco de manteiga, para evitar que crie nata.

Os BIFES: Passe-os na farinha de trigo, depois no ovo, e então na farinha de rosca. Frite-os e depois monte o colchão: coloque num prato refratário um bife, cubra-o com uma fatia de queijo e uma de presunto e uma porção de molho e assim sucessivamente, cobrindo tudo com o restante do molho e polvilhando com mozarela. Ponha no forno só para gratinar.

# Costela com mel

(4 pessoas)

1kg e ½ de costela
½ xícara de mel
½ xícara de mostarda
½ xícara de molho de soja
1 xícara de caldo de carne
1 xícara de vinho tinto
1 limão

Escolha um pedaço de costela com bastante carne e pouca gordura. Tempere-a com limão, sal e pimenta e deixe descansar por alguns minutos. Depois lambuze a costela com um pouco de mel e frite-a de todos os lados numa panela bem quente. Quando começar a dourar, acrescente o restante do mel, a mostarda, o molho de soja, o caldo de carne e o vinho tinto, misturando bem. Deixe em fogo alto até abrir a fervura. Em seguida, baixe o fogo e deixe cozinhar por 1 hora, ou até que a costela fique bem macia. O molho deve reduzir, mas não pode secar. Vigie e acrescente um pouco de água, se for necessário.

# Fraldinha no forno

(4 pessoas)

1kg de fraldinha
8 tomates
4 cebolas
6 cenouras
salsa
cebolinha verde
1 pimentão
3 dentes de alho

A "fraldinha", explica Moacir (um dos grandes açougueiros de Porto Alegre), faz parte do que os gaúchos chamam de "vazio", continuação – sem osso – da costela minga.

A fraldinha no forno, além de gostosa e barata, é daqueles pratos que se fazem por si mesmos, isto é, exigem pouco trabalho. Numa fôrma untada coloque as cebolas, tomates, cenouras, pimentão, alho, salsa e cebolinha verde, tudo bem picado e bem misturado. Por cima, você coloca a fraldinha já temperada com sal. Leve ao forno baixo por uma hora. No final, tempere os vegetais com azeite e vinagre. Fica ótimo, um prato completo, saudável e com boa presença, a carne e os vegetais assados. Acompanhando arroz branco é um banquete completo.

# Lombinho coroado

(4 pessoas)

1kg de lombinho de porco
2 copos de suco de laranja
2 copos de vinho tinto
2 copos de caldo de legumes
150g de bacon
150g de queijo fatiado
3 colheres de massa de tomate
3 colheres de farinha de trigo
1 cebola picada

Leve ao fogo uma panela ampla e, depois de aquecida com três colheres de azeite, frite bem o lombinho (previamente temperado com sal e passado na farinha de trigo), dourando-o uniformemente. Depois de dourada a carne, acrescente a cebola para fritar. Adicione a seguir a massa de tomate, o suco de laranja, o caldo de legumes e o vinho. Tampe a panela e deixe cozinhar cerca de 1 hora. A carne vai ficar macia e o molho espesso, escuro e atraente. Quando o lombinho estiver pronto, retire-o da panela, reservando o molho. Corte o lombinho em fendas transversais, sem separar as fatias. Em cada fenda, coloque uma fatia de queijo e uma de bacon.

Arrume tudo numa assadeira, derrame molho por cima e leve ao forno até derreter um pouco o queijo e o bacon. Parte do molho pode ser usado numa boa travessa de massa ou de arroz.

## Lombinho no espeto com queijo derretido
(4 pessoas)

1kg de lombo de porco
limão
queijo ralado
sal

O preparo é simples. Depois de temperar com sal e espetar o lombinho, leve-o à churrasqueira e asse por igual, como faz com o churrasco. Quando estiver quase pronto, retire-o, umedeça-o com limão, cubra-o com bom queijo parmesão ralado, retornando o espeto à churrasqueira para derreter levemente o queijo, e está pronto.

# Lombo na cerveja

(4 pessoas)

1kg de lombinho de porco
1 copo e meio de suco de laranja
1 garrafinha de cerveja preta longneck
1 pacote de creme de cebola
açúcar
azeite

Tempere o lombo com sal e meio copo de suco de laranja. Numa panela, espalhe um pouco de açúcar e azeite. Frite bem o lombinho de todos os lados. O açúcar vai deixá-lo bem dourado. Dissolva o creme de cebola com a cerveja preta e acrescente à panela junto com o restante do suco de laranja. Misture bem. Deixe cozinhar por uma hora, mais ou menos. Não deixe o molho secar. Se for preciso, coloque água, mais suco ou mais cerveja. O molho fica consistente, escuro, de ótimo aspecto e muito saboroso. O lombinho fica tenro, impregnado pelo molho.

## Maminha na panela
(4 pessoas)

1kg de maminha
sal e pimenta
azeite
açúcar

Tempere a maminha com sal e pimenta. Numa panela, coloque azeite e açúcar. Frite a maminha por todos os lados. Vá colocando água. Tampe a panela e deixe cozinhar por uma hora, colocando água sempre que necessário!

## Picadinho de forno
(4 pessoas)

500g de guisado
1 cebola
1 pimentão
3 tomates
2 colheres de farinha de rosca
4 ovos
5 colheres de massa de tomate
1 xícara de caldo de carne
fatias de queijo

Numa frigideira com azeite faça um refogado com o guisado, a cebola, o pimentão e os tomates picados. Acrescente a massa de tomate e o caldo de carne. Deixe o molho ficar bem vermelho. Depois coloque num refratário untado. Por cima quebre os ovos. Coloque queijo, mas não cubra as gemas. Leve ao forno por vinte minutos ou até cozinhar os ovos e derreter o queijo. Está pronto!

## Picadinho variado
(6 pessoas)

500g de carne bovina moída
500g de carne de porco moída
1 ovo
½ xícara de chá de cebola picada
1 colher de sopa de suco de limão
1 dente de alho
2 colheres de sopa de salsinha picada
2 colheres de sopa de cebolinha verde picada
1 colher de chá de tomilho
1 pimentão verde picado
sal e pimenta-do-reino a gosto
½ xícara de chá de farinha de rosca
2 fatias de bacon
catchup a gosto

Misture as carnes com o ovo, a cebola, o suco de limão, o alho picado, a salsinha, a cebolinha, o tomilho, o pimentão, o sal, a pimenta e a farinha de rosca, amassando com a mão para ligar bem. Unte uma fôrma para bolo inglês, coloque a carne, comprimindo bem. Cubra com o bacon e asse em forno médio durante 1 hora. Sirva em fatias com catchup.

## Vaca atolada
(6 pessoas)

2kg de costela de boi
2kg de aipim em pedaços
3 dentes de alho
3 cebolas médias
3 colheres de massa de tomate
3 tomates bem picados
suco de 1 limão
1 copo de cachaça
1 pimenta vermelha bem picada
salsinha picada

Numa panela ampla, aqueça três colheres de azeite de oliva. Refogue a costela devidamente cortada em módulos, com três dentes de alho bem picados, três cebolas picadas, três colheres de massa de tomate e 1 pimenta vermelha bem picada. Acrescente o limão, a cachaça e um pouco de água, deixando cozinhar um pouco até formar um caldo. Mantenha a panela tampada para cozinhar, até que a costela fique macia. À parte, cozinhe os pedaços de aipim, e junte-os à costela. Acerte o tempero (sal) e deixe ferver durante alguns minutos para pegar o gosto e engrossar o caldo. Espalhe salsinha picada por cima na hora de servir.

## Vazio recheado
(8 pessoas)

2kg de vazio em um pedaço
1 cebola
8 fatias de bacon
fatias de queijo
folhas de 1 molho de espinafre

Primeiro bata bem a carne para ficar mais fina e fácil de enrolar. Depois tempere-a com sal, dos dois lados. Espalhe a cebola picada. Por cima coloque um pouco de azeite e cubra-a com as fatias de bacon. Em seguida, as folhas de espinafre e, por último, as fatias de queijo. Deixe as pontas do vazio sem recheio e comece a enrolar, apertando bem.

Coloque numa fôrma e leve ao forno por, em média, 40 minutos. Retire e está pronto!

## Cuca de galinha
(6 pessoas)

**Para a massa**:
3 ovos
1 copo de leite
½ copo de azeite
1 copo de requeijão
3 colheres de sopa de queijo parmesão ralado
2 copos de farinha de trigo
1 colher de sopa de fermento para bolo

**Para o recheio**:
300g de galinha
2 tomates
1 cebola
1 copo de caldo de galinha
1 colher de farinha de trigo

**Para a farofa**:
4 colheres de farinha de rosca
4 colheres de queijo ralado

Esta receita é salgada e, por isso, é surpreendente. Cuca, nas região de colonização alemã do RS, é uma espécie de pão doce com vários sabores e uma farofa de açúcar por cima. Aqui o nome se deve ao aspecto final: idêntico ao de uma cuca.

Comece pelo recheio, refogando numa panela a galinha cortada em pedaços, cubos ou iscas, junto com a cebola, os tomates, o caldo de galinha e uma colher de farinha de trigo. Cozinhe bem, até que reduza um pouco e engrosse o molho. Depois deixe esfriar. A massa deve ser feita no liquidificador, batendo todos os ingredientes, menos o fermento. Use apenas a metade do requeijão, reservando a outra metade para a finalização. Depois de bater bem os outros ingredientes, pouco antes de desligar o liquidificador agregue o fermento. A montagem do prato é feita em camadas, num refratário previamente untado e enfarinhado com farinha de rosca. A primeira camada, no fundo do prato, se faz com a metade da massa que foi batida no liquidificador. Por cima, derrame o recheio e, sobre o recheio, a outra metade do copo de requeijão. A seguir, a camada final com a outra metade da massa. Para o acabamento, espalhe por cima de tudo a farofa feita com a mistura de farinha de rosca e queijo ralado.

## Frango com passas de uvas
(4 pessoas)

1 frango de bom tamanho
1 pacote de passas de uvas
1 garrafa de cerveja branca

Corte o frango em pedaços, tempere e leve para refogar numa frigideira ou panela ampla. Quando estiver dourado, vá regando com a cerveja, que deverá ser colocada aos poucos, até que o frango esteja bem macio. Acrescente as passas de uvas. Sirva numa travessa acompanhado de um arroz branco e de uma salada. Frango com uva, além de ser um prato saboroso, com um toque de originalidade, tem outra vantagem: custa pouco. E o detalhe: como já tem cerveja no molho, não custa nada abrir uma cervejinha gelada na hora de servir.

## Frango dos deuses
(4 pessoas)

1 frango de aproximadamente 800g
3 copos de requeijão
1 cebola picada

2 tomates picados
1 pimentão picado
1 molho de espinafre picado
sal e azeite

Corte o frango em pedaços. Refogue-o com azeite em uma frigideira. Coloque sal e em seguida a cebola, o tomate, o espinafre e o pimentão. Misture bem. Deixe cozinhar um pouco. Forre o fundo e as laterais de um refratário com dois copos de requeijão. Coloque o refogado e cubra com o outro copo. Leve ao forno por 30 minutos. Está pronto. Sirva com arroz.

## Galinha de ouro
(6 pessoas)

700g de sobrecoxas desossadas
2 latas de milho
1 copo de requeijão
1 copo de leite
2 colheres de farinha de trigo
1 cebola
1 copo de caldo de galinha
150g de queijo mozarela

Numa frigideira ampla, refogue as sobrecoxas cortadas em cubos, acrescentando o caldo de galinha. Deixe cozinhando em fogo baixo. Enquanto isso, no liquidificador, bata o milho com sua água, a cebola, o leite, o requeijão e a farinha de trigo. Acrescente essa mistura à frigideira onde está cozinhando a galinha. Misture bem, deixe cozinhar por uns 15 minutos e, aí, o toque de mestre: cubra o refogado com fatias de queijo mozarela. Tampe a panela por uns 5 minutos, até derreter o queijo. Fica um prato bonito, de cor dourada. Por isso o nome galinha de ouro.

## Galinha escabelada

(6 pessoas)

700g de pedaços de frango desossados
2 cebolas picadas
2 tomates picados
1 vidro de palmitos cortados em rodelas
100g de presunto picado
2 copos de requeijão
300g de queijo
1 pacote de batata palha
sal
azeite de oliva

Corte o frango em cubos e, em seguida, faça um refogado. Numa frigideira, coloque azeite de oliva, o presunto, o frango cortado em cubos, as cebolas, os tomates e os palmitos. Deixe cozinhar por uns 10 minutos e passe o refogado para um refratário. Cubra com o requeijão e o queijo em fatias finas. Por cima, a batata palha. Leve ao forno por uns 30 minutos e está pronto!

## Sobras nobres de peru

sobras de peru
farinha de milho
tomates picados
massa de tomate
cebolas picadas
alho picado
queijo parmesão ralado

Esta receita foi criada com o objetivo de aproveitar as sobras do peru de Natal, portanto, as quantidades de cada ingrediente deverão ser proporcionais à sobra. Corte em cubos a carne, refogue com o alho e a cebola, acrescente os tomates e a massa de tomate e mexa bem. As sobras de peru serão o recheio. Reserve. À parte, prepare a polenta – a proporção é: uma medida de farinha de milho para duas de água fria. Coloque a farinha e a água numa panela, misture e deixe cozinhar a polenta no ponto mole. Espalhe uma camada da polenta no fundo de uma travessa refratária. Por cima, espalhe o recheio feito com as sobras de peru. A seguir, coloque mais uma camada de polenta. Cubra com uma quantidade generosa de queijo e leve ao forno para gratinar. Um prato barato e original, que dá um belo aproveitamento para as sobras de peru.

## Salsão com atum ao molho de ervas

(4 pessoas)

4 talos médios de salsão
300g de postas de atum fresco
1 colher de sopa de azeite de oliva
1 colher de chá de pimenta-do-reino moída
½ xícara de chá de gergelim branco
2 ovos

**Para o molho**:
1 colher de sopa de azeite de oliva
1 colher de sopa de suco de limão siciliano
½ xícara de chá de vinagre balsâmico
1 xícara de chá de ervas frescas (orégano, manjericão, salsinha e cebolinha)
1 colher de café de sal

Corte os talos de salsão em tiras grossas. Lave o atum, corte-o em tiras e tempere com o azeite e a pimenta. Passe as postas nos ovos levemente batidos e depois nos grãos de gergelim. Coloque metade das tiras do salsão numa travessa refratária, sobre elas as postas de atum e cubra tudo com o restante do salsão. Cubra a travessa com papel-alumínio e leve ao forno por 25 minutos. Enquanto isso, faça o molho. Aqueça o azeite de oliva numa frigideira junto com o suco de limão e o vinagre, até reduzir pela metade. Junte as ervas e o sal e cozinhe mais um pouco. Retire o molho do fogo e despeje sobre as postas de atum, que já deverão estar prontas. Sirva em seguida.

## Canudos gratinados

1 vidro de palmito
200g de queijo fatiado

200g de presunto fatiado
1 lata de creme de leite
1 copo de requeijão
queijo parmesão ralado

Para fazer os canudos: primeiro coloque uma fatia de queijo e por cima uma de presunto. Sobre elas, coloque um palmito inteiro, enrolando-o. Corte o rolo em três partes iguais. Coloque-as em um refratário. Faça quantos canudos quiser. Depois misture o requeijão e o creme de leite. Coloque por cima dos canudos e cubra com queijo ralado. Leve ao forno por, em média, 20 minutos.

## Cebolas recheadas
(4 pessoas)

4 cebolas
200g de atum
1 colher de alcaparras
salsa
2 fatias de pão
queijo parmesão ralado
½ copo de leite

Retire o miolo das cebolas com uma colher e

pique-o bem. Junte a ele o pão. Coloque o leite e com um garfo esmague o pão. Junte o atum, as alcaparras, a salsa e o queijo ralado. Misture bem. Coloque o recheio nas cebolas e leve ao forno por 30 minutos.

## Chocolate turbinado

1 colher de maisena
1 gema
2 copos de leite
pedaços de chocolate
1 colher de chocolate em pó

Numa panela, misture o leite, a gema, a maisena e o chocolate em pó. Mexa bem. Coloque os pedaços de chocolate e deixe engrossar. Sirva bem quente com mais pedaços de chocolate.

## Estrogonofe de queijo
(6 pessoas)

500g de queijo prato picado em cubos
1 vidro de champignons

1 lata de palmitos picados
3 colheres de massa de tomate
1 lata de creme de leite
1 cebola grande ralada
2 copos de caldo de carne
1 colher de sopa de mostarda
1 copo de vinho tinto

Numa panela com um pouco de óleo, frite a cebola ligeiramente, junte a massa de tomate, o caldo de carne e o vinho. Quando ferver, adicione os champignons, os palmitos e a mostarda. Em seguida, junte o creme de leite e o queijo. Sirva com arroz branco e batata palha.

## Farofa saborosa

2 xícaras de chá de farinha de mandioca
½ xícara de chá de salsa picadinha
1 colher de sopa de manteiga ou margarina
1 ovo cozido picado
½ xícara de chá de azeitonas
3 fatias de bacon picado
2 xícaras de chá de farinha de mandioca
sal a gosto

Forre um refratário com papel absorvente, coloque o bacon e cubra-o novamente com papel-absorvente. Leve-o ao microondas por 2 a 3 minutos em potência alta. Retire todo o papel. Junte a manteiga e a cebola e aqueça por mais 2 minutos em potência alta. Junte a farinha, a azeitona, o ovo e a salsa. Mexa bem e devolva ao forno por mais 3 a 4 minutos em potência alta. Prove o sal antes de servir.

## Feijoada trifácil
(12 pessoas)

350g de charque
500g de lingüiça fina
500g de lingüiça grossa
1kg de pernil de porco com osso
1kg de agulha com osso
1 cebola
3 dentes de alho
2 tomates
1kg de feijão preto
1 xícara de caldo de carne
1 colher de farinha de trigo

**Para a couve refogada**:
2 pés de couve
1 dente de alho

**Para a farofa**:
50g de bacon
1 xícara de farinha de mandioca

Numa panela grande, refogue com um pouco de azeite as carnes cortadas em pedaços. Primeiro as lingüiças, depois a agulha, o pernil e o charque (já lavado, pelo menos duas vezes). Coloque em seguida o caldo de carne e depois a cebola, o alho e os tomates picados. Por último o feijão, que deve ficar de molho em água por uma hora antes de ir para a panela. Cubra todos os ingredientes com água e deixe abrir fervura. Baixe o fogo e tampe a panela. Precisa cozinhar por, em média, 2 horas. Vá cuidando para não secar, colocando mais água se preciso. Não é preciso salgar. Quando estiver quase pronta, corte a couve em tiras e refogue-a com o alho picado e um pouco de azeite. É bem rápido. O tempo de amolecer um pouco a couve. Em seguida, coloque um pouco de azeite numa frigideira e junte o bacon cortado. Acrescente a farinha de mandioca aos poucos. Deixe cozinhar um pouco e está pronta a farofa.

# Fritada de legumes com vodca

(4 pessoas)

1 xícara de chá de brócolis cozidos e picados
1 xícara de chá de milho em conserva
1 cebola grande picada
2 colheres de chá de sal
1 colher de chá de fermento em pó
7 colheres de sopa de azeite de oliva
3 colheres de sopa de vodca
7 ovos
1 xícara de chá de cogumelos em conserva
cortados em fatias finas
4 colheres de sopa de salsinha picada
sal a gosto

Aqueça o azeite em uma frigideira, acrescente a cebola e frite por 9 minutos, ou até dourar. Adicione o sal, os cogumelos, o milho, os brócolis e refogue por 3 minutos. Enquanto isso, coloque em uma tigela a salsinha, a vodca, os ovos, o fermento e o sal e bata por 2 minutos. Despeje os ovos batidos sobre o refogado, misture e tampe a panela. Cozinhe em fogo baixo por cerca de 15 minutos ou até os dois lados dourarem. Sirva em seguida.

# Lentilha incrementada
## (6 pessoas)

500g de lentilhas
2 cebolas picadas
1 dente de alho picado
300g de carne de segunda
300g de carne de porco
3 batatas pequenas com casca
3 tomates cortados ao meio
1 chuchu inteiro

Numa panela ampla, ponha a lentilha para cozinhar, em boa quantidade de água ou caldo de carne, cebolas, alho, a carne de segunda (que, sempre digo, tem sabor de primeira), a carne de porco (para cumprir a tradição, porque porco anda pra frente) e mais as batatas com casca, os tomates e o chuchu inteiro. Quando abrir a fervura, baixe o fogo e deixe cozinhar por duas horas. É um prato que se faz sozinho, sem problemas. É preciso cuidar apenas para não deixar secar. Quando o caldo estiver bem grosso e as carnes se desmanchando, está pronto.

# Mocotó do Rodolfo fácil e light

(4 pessoas)

250g de tendão
500g de mondongo
200g de feijão branco
200g de lingüiça, salsichão ou paio

Cozinhe os itens separadamente. Tempere principalmente o tendão, com cebola, alho, sal, pimentão e molho de pimenta. Depois de lavado e colocado em água com limão e novamente lavado, cozinhe colocando sobre o mondongo um molho inteiro de salsa. Após 10 minutos de fervura, substitua o molho de salsa, que, depois de mais 10 minutos, deve ser descartado (o molho de salsa absorve o cheiro do mondongo, evitando aquele "perfume" tradicional que toma conta da cozinha). Daqui pra frente, segue-se a receita tradicional. Corte tudo em pedaços. Abra a coalheira e limpe bem por dentro, retirando todo o excesso de gordura. Refogue a cebola, o alho e o tomate numa panela à parte, e em outra cozinhe o feijão branco. Frite ligeiramente as lingüicinhas. Quando o feijão branco estiver cozido, adicione o refogado, o caldo das patas, o mondongo, a coalheira e as lingüicinhas, mexendo bem, e deixe ferver um pouco. Ao servir o mocotó, espalhe sobre cada prato o ovo cozido esmagado e o tempero verde picado.

## Omelete de pão frito
(2 pessoas)

2 ovos
4 fatias de pão
pimenta-do-reino e sal
azeite
2 dentes de alho

Bata os ovos com o sal, a pimenta e o alho bem picadinho. Passe as fatias de pão nessa mistura e frite-as numa frigideira com um pouco de azeite.

## Panqueca de pão sírio ou árabe

1 pão sírio
pasta de atum com maionese (ou um guisadinho bem temperado, ou frango desfiado e refogado)

Corte o pão ao meio, formando dois discos que ficam bem finos, lembrando um disco de panqueca. Depois, coloque o recheio sobre cada pedaço e enrole como se fosse uma panqueca, dispondo-as numa travessa refratária. Leve ao forno rapidamente, para aquecer e deixar a panqueca bem crocante. É uma delícia, que agrada pela originalidade e pelo sabor.

## Panquecas de batata e cebola
(6 pessoas)

800g de batatas
1 cebola média
1 ovo graúdo
½ colher de chá de fermento em pó
2 colheres de sopa de farinha de trigo
1 colher de sopa de salsinha picada
óleo para a fritura
sal e pimenta-do-reino
200ml de iogurte natural
100g de salmão defumado
gotas de limão

Descasque e rale finamente as batatas e a cebola. Coloque a massa obtida em uma peneira fina para tirar o excesso de líquidos. Transfira a massa para uma tigela e acrescente o ovo, a salsinha, a farinha de trigo, sal, pimenta-do-reino e fermento, misturando bem. Coloque um pouco de óleo em uma frigideira, acrescente uma concha rasa da massa e com o fundo de uma colher espalhe-a como se fosse uma panqueca pequena. Doure de um lado, vire e doure do outro lado. Coloque em papel absorvente. Faça o mesmo com a massa restante. Misture o iogurte com gotas de limão, sal, pimenta-do-reino e a salsinha picada. Sirva com fatias de salmão defumado e com o molho de iogurte.

## Pizza a jato
(6 pessoas)

**Para a massa:**
3 xícaras de farinha de trigo
2 colheres de fermento
2 copos de leite
1 copo de óleo
3 ovos
1 colher de sal

**Para o molho:**
1 cebola
2 copos de molho de tomate
2 latas de sardinha
1 colher de farinha de trigo
300g de queijo parmesão ralado grosso

Bata todos os ingredientes da massa no liquidificador. Coloque a mistura numa fôrma untada e enfarinhada. Leve ao forno preaquecido por 10 minutos. Para fazer o molho, refogue as sardinhas e a cebola numa frigideira com um pouco de óleo. Acrescente a farinha de trigo e, em seguida, o molho de tomate. Misture bem. Retire a massa do forno, coloque o molho e retorne ao forno por, em média, 1 hora. Quando estiver quase pronto, retire novamente, coloque o queijo e leve ao forno para gratinar. Está pronta!

## Pizza gaúcha
(4 pessoas)

2 massas de pizza
200g de coração de galinha
200g de carne moída
150g de lingüiça
100g de cordeiro
1 cebola
2 tomates
1 colher de farinha de trigo
300g de queijo parmesão ralado
3 colheres de massa de tomate
orégano

sal
azeite de oliva

Comece pelo molho. Numa frigideira coloque o azeite de oliva e as carnes. Primeiro o coração de galinha, depois a lingüiça, a carne moída e a de cordeiro. Deixe refogar um pouco e acrescente a farinha de trigo. Misture bem. Em seguida coloque a cebola, os tomates, a massa de tomate e acerte o sal. Deixe cozinhar e está pronto. Monte a pizza colocando o molho e cobrindo com queijo e orégano. Leve ao forno por, em média, 15 minutos. É só servir!

## Pizza hambúrguer
(6 pessoas)

**Para a massa de carne**:
1kg de carne moída
2 ovos
1 xícara de farinha de trigo
1 cebola
sal

**Para a cobertura**:
molho de tomate
fatias de queijo

frutas picadas
rodelas de tomate
azeitonas
orégano
rodelas de cebola
rodelas de lingüiça calabresa grossa

Para fazer a massa de carne, misture a carne, os ovos, a farinha de trigo, a cebola bem picada e uma pitada de sal. Com as mãos, misture a massa, deixando-a bem homogênea. Unte uma fôrma redonda, de pizza mesmo, e coloque a massa de carne. Leve ao forno por, em média, 15 minutos. Não deixe a carne muito cozida porque ela vai voltar ao forno depois com a cobertura. Deixe esfriar um pouco e comece a cobrir a pizza hambúrguer com o molho de tomate e fatias de queijo ou queijo mole (mozarela ou prato) ralado grosso. Escolha sua cobertura favorita. Eu fiz com quatro sabores: tomate, portuguesa, califórnia e calabresa. Divida em quatro "regiões": tomate – coloque as rodelas de tomate e o orégano; calabresa – coloque as rodelas finas de lingüiça calabresa; portuguesa – coloque as rodelas de cebola e as azeitonas; califórnia – coloque um punhado de frutas picadas. Leve ao forno novamente até derreter o queijo. Está pronta!

# Pimentão recheado

(6 pessoas)

2 pimentões vermelhos médios
2 pimentões amarelos médios
alface
rúcula

**Para o recheio:**
1 xícara de chá de sálvia picada
1 xícara de chá de cream cheese light
1 xícara de chá de ricota light
1 colher de sopa de vinagre de cava
1 colher de sopa de azeite de oliva
1 colher de café de sal
1 colher de chá de pimenta-do-reino branca em grãos

Lave os pimentões. Faça um corte em cima de cada um e retire as sementes. Cozinhe em banho-maria por cerca de 15 minutos. Retire-os do fogo e reserve. Misture a sálvia, a ricota, o cream cheese, o sal, o vinagre, o azeite de oliva e a pimenta-do-reino e bata no liquidificador até formar uma pasta homogênea. Então abra bem os pimentões sobre uma superfície lisa, coloque o recheio sobre eles e enrole-os como se fosse um rocambole. Disponha-os numa assadeira, cubra com filme plástico e leve à geladeira por 1 hora. Depois corte os pimentões em rolinhos e disponha nos pratos. Sirva com salada verde.

## Sanduíche de salame italiano com figo

2 fatias de pão de fôrma
requeijão
salame italiano
figo
queijo

Passe o requeijão em uma das fatias de pão e coloque sobre ele o salame e o figo em fatias. Feche o sanduíche com a outra fatia, coloque-o num prato que possa ir ao forno e cubra com muito queijo. Leve ao forno para gratinar e está pronto!

# Trigada
## (6 pessoas)

500g de canjica de trigo
2 cubos de caldo de carne
1 pedaço de carne de segunda
2 cebolas
2 tomates
1 pimentão
1 pimenta vermelha
1 copo de vinho tinto

A velha e boa canjica de trigo, cuja receita eu vim a recuperar num domingo desses de chuva e frio. E ficou uma beleza. Deixe de molho a canjica de trigo, que tem em qualquer supermercado. Depois coloque para ferver, numa panela ampla, o trigo junto com o caldo de carne e o pedaço de carne de segunda, tipo agulha ou paleta, que – você sabe – tem gosto de primeira. Enquanto isso, bata no liquidificador as cebolas, os tomates, os pimentões e a pimenta vermelha com um copo de vinho tinto, e leve essa mistura para a panela onde ferve o trigo com caldo de carne. Fica espetacular! Acaba com o frio e a umidade.

## Bolo salgado

(4 pessoas)

½ xícara de arroz cozido
2 colheres de sopa de farinha de trigo
1 colher de chá e 1 colher de café de azeite
1 xícara de cenoura ralada
2 dentes de alho picados
1 colher de chá de mostarda
folhas verdes
1 colher de chá de sálvia
1 colher de chá de tomilho
1 xícara de chá de alho-poró fatiado
3 claras de ovo
1 xícara de chá de leite desnatado
500g de carne de peru
sal a gosto

O peru pode ser substituído por frango. Se preferir, substitua a cenoura por meia xícara de chá de cogumelos picados. Esta receita pode ser preparada em fôrmas de empada grandes untadas com azeite de oliva. Bata no liquidificador o peru, o arroz, a farinha de trigo, o leite e as claras. Tempere com sal, mostarda e as ervas. Doure no azeite o alho, o alho-poró e a cenoura e misture à massa de peru. Disponha a massa em uma fôrma de bolo inglês pequena, untada com o azeite, alisando bem. Asse em forno médio, preaquecido, coberto com papel-alumínio, por cerca de 30 minutos. Em seguida, retire o papel e deixe por mais 10 minutos. Desenforme o bolo morno, espere esfriar e corte em oito fatias. Sirva com salada verde.

## Arroz com galinha
(8 pessoas)

1 frango em pedaços
1 cebola
1 tomate
1 pimentão
100g de presunto
3 xícaras de arroz
8 xícaras de caldo de galinha
1 copo de creme de leite
100g de queijo parmesão
sal e vinagre

Numa panela ampla, frite em um pouco de azeite o presunto e os pedaços de galinha já temperados com sal e vinagre. Deixe o frango dourar dos dois lados. Junte o tomate, a cebola e o pimentão picados. Refogue. A seguir coloque o arroz e mexa bem. Acrescente o caldo de galinha e tampe a panela. Deixe cozinhar até secar a água, mas não deixe secar muito. Quando estiver pronto, coloque o creme de leite e o queijo ralado grosso. Sirva bem quente!

## Arroz de china emergente
### (4 pessoas)

100g de queijo parmesão ralado
500g de frango
1 molho de brócolis
1 vidro de champignon
50g de alcaparra
3 xícaras de arroz já pronto
300g de nata

Numa frigideira, refogue o frango cortado em cubos e já temperado com sal. Depois, acrescente o arroz pronto e a nata. Coloque metade da mistura num refratário, espalhando bem. Por cima, acrescente os brócolis, os champignons e as alcaparras. Faça mais uma camada com o arroz. Um toque final de queijo ralado. Leve ao forno por, em média, 20 minutos, e está pronto para servir!

## Arroz de costela
### (4 pessoas)

1kg de costela do peito
1 cebola
2 tomates
1 cenoura
½ xícara de molho de soja
1 xícara de caldo de carne
1 copo de suco de laranja
2 xícaras de arroz
1 pimentão
3 colheres de massa de tomate
sal a gosto

Primeiro corte a costela em módulos e tempere com sal. Numa panela ampla, frite os pedaços de costela com azeite. No liquidificador, bata a cebola, os tomates, a cenoura, o molho de soja, o caldo de carne, o suco de laranja, o pimentão e a massa de tomate. Coloque o molho batido na panela junto com a costela e deixe por, no mínimo, uma hora e meia. Durante o cozimento, vá acrescentando água para não deixar o molho secar. Acrescente o arroz e um pouco mais de água, se for preciso. Deixe cozinhar e está pronto!

## "Paeja" rio-grandense II
### Versão de apartamento – Modelo soft
### (6 pessoas)

300g de vazio
300g de pernil de porco
300g de coração de galinha
300g de lingüiça
1 cebola
2 dentes de alho
2 tomates
3 pimentões (verde, amarelo e vermelho)
1 colher de colorau
2 xícaras de arroz
4 xícaras de água quente
sal e azeite

Em livros anteriores mostramos uma versão "pesada" da "paeja" rio-grandense, para ser preparada em roda de arado, de preferência numa churrasqueira. Esta aqui é uma versão "soft", com menos ingredientes, mais barata e mais fácil de fazer, inclusive num fogão comum, num apartamento.

Numa frigideira ou panela ampla coloque umas 3 colheres de azeite. Em seguida acrescente o coração de galinha. Deixe refogar um pouco e dourar. Coloque a lingüiça cortada em pedaços. Também deixe dourar dos dois lados. Acrescente a carne de porco cortada em iscas, espere um pouquinho, e depois o vazio em pedaços também. Não é preciso refogar muito as carnes, porque elas vão terminar de cozinhar junto com o arroz. Acrescente o alho bem picadinho e o tomate picado, mexa bem. Por cima de tudo ponha o colorau. Misture um pouco, não muito. Vá colocando as cebolas e os pimentões em rodelas com cuidado, sem mexer. Acrescente a água quente, acerte o sal e em seguida espalhe o arroz. Cuide para que o arroz fique bem distribuído e completamente submerso na água quente. Não mexa mais. Espere o arroz cozinhar e está pronto!

## Panqueca de arroz

(2 pessoas)

2 xícaras de arroz já pronto (sobras)
1 ovo
1 colher de sopa de manteiga
50g de queijo ralado

Misture o arroz pronto ao ovo e ao queijo ralado. Coloque a manteiga numa frigideira pequena e, quando derreter, coloque a mistura fazendo uma espécie de panqueca. Deixe dourar. Vire e coloque mais manteiga para dourar o outro lado. Está pronta!

## Bolo de peixe
(6 pessoas)

500g de filés de peixe
suco de 1 limão
4 tomates batidos no liquidificador
1 cebola
4 batatas cozidas em água e sal e reduzidas a purê
200g de nata
1 colher de fermento de bolo
4 ovos
salsa picada
3 copos de caldo de peixe
2 colheres de queijo parmesão ralado
1 xícara (+1 colher para o molho) de farinha de rosca

Corte os filés em pedaços pequenos, tempere-os com sal, pimenta-do-reino e suco de limão, deixe tomar gosto por meia hora. Bata os tomates e a cebola no liquidificador com 1 copo do caldo do peixe. Refogue metade dessa mistura dos tomates e cebola com peixe, numa panela com azeite. Tampe e deixe cozinhar em fogo baixo até quase secar. Esse refogado de peixe, tomates e cebolas deve ser misturado com a salsa picada, a nata, os ovos já batidos, o queijo e a farinha de rosca. Despeje a mistura numa fôrma untada e polvilhada com farinha de rosca. Asse em forno quente por 35 minutos. Desenforme, cubra com um bom molho de tomates e sirva-o em seguida. Se quiser servi-lo frio, acompanhe com maionese. Para fazer o molho de tomate, use a metade dos tomates batidos com a cebola que ficou reservada, mais 2 copos de caldo de peixe e 1 colher de farinha de rosca. Leve ao fogo e mexa bem até cozinhar e engrossar. Se for necessário, acrescente água.

## Peixe escabelado
(4 pessoas)

1kg de peixe (qualquer um, menos o linguado)
2 cebolas
2 tomates
1 vidro de palmito

200g de presunto
2 copos de requeijão
300g de queijo parmesão ralado grosso
2 pacotes de batata palha
sal e azeite

Numa frigideira, coloque o azeite, depois o presunto e o peixe cortados em pedaços não muito pequenos. Refogue um pouco e coloque as cebolas, os tomates e os palmitos cortados. Misture bem, acerte o sal e adicione o requeijão. Desligue o fogo. Leve o refogado a um refratário. Cubra com o queijo ralado e a batata palha. Leve ao forno médio por, em média, 30 minutos. Está pronto!

## Peixe no envelope
(1 pessoa)

1 filé de peixe
limão
papel-alumínio
1 cebola picada
1 tomate picado
salsa picada
alho picado
sal e azeite

Tempere o filé com sal, pimenta e limão. Abra o papel-alumínio em cima da mesa (tem de ter um pouco mais do dobro do tamanho do filé), coloque azeite sobre ele e uma camada de cebola picada, outra de tomate, um de salsa e outra de alho. Por cima de tudo, o peixe. Cubra-o com mais cebola, tomate, salsa e alho. No fim, coloque azeite de oliva e feche como se fosse um envelope, apertando bem nas pontas. Coloque o envelope numa fôrma e leve ao forno por 12 minutos. Retire, abra o envelope e está pronto!

## Pudim de atum
(2 pessoas)

1 lata de molho de tomate peneirado
4 colheres de sopa de farinha de trigo
4 gemas
4 claras em neve
3 latas de atum

**Para o molho de tomate**:
3 tomates
3 colheres de massa de tomate
1 xícara de suco de tomate
½ cebola
2 dentes de alho

1 pitada de sal
azeite

É fácil e muito barato. Misture tudo, menos os ingredientes do molho de tomate, e leve ao forno médio num refratário untado. Em pouco mais de meia hora estará pronto. Para fazer o molho, bata todos os ingredientes no liquidificador. Leve para uma frigideira com um pouco de azeite e deixe ferver por alguns minutos. Cubra o pudim de atum com o molho e sirva. Além de resultar num prato de boa presença, é muito saboroso, e qualquer cozinheiro de primeira viagem pode fazer com sucesso. Este molho também pode ser servido com pães ou com uma boa massa.

## Sopa de ervilhas
(8 pessoas)

500g de ervilhas secas
500g de lentilhas
1 pedaço de carne de segunda com osso
1 molho de espinafre
4 batatas

1 cebola picada
1 tomate em pedaços
½ cálice de vinho
sal e pimenta

Numa panela com bastante água, coloque um bom pedaço de carne de segunda com osso, ervilha seca e lentilha em quantidades iguais, espinafre, batata, cebola, tomate, um pouco de vinho, sal e pimenta, e deixe ferver algumas horas. Se quiser, acrescente mais alguns ingredientes, como lingüiça e moela de galinha. Vai ficar um caldo grosso, consistente, e os ingredientes vão se desmanchar. Fica muito saborosa essa sopa de ervilha.

## Sopa de feijão

sobras de feijão já preparado
macarrão cru
cebola picada
azeite de oliva

Como algumas das receitas deste livro, esta também foi criada para aproveitar as sobras de comida, portanto as quantidades dos ingredientes vão variar de acordo com o que você tiver de sobras.

Comece fritando no azeite de oliva a cebola, acrescentando aquele feijão já preparado, sem futuro, que você tem na geladeira. Se necessário, adicione mais uma xícara de água, para o caldo não ficar muito grosso. Depois de ferver, desligue o fogo e deixe esfriar um pouco, passando a seguir no liquidificador. Ficará um creme. Leve ao fogo de novo e acrescente o macarrão cru. Deixe ferver até cozinhar a massa e estará pronta a saborosa sopa de feijão.

## Sopa de forno
(6 pessoas)

fatias de pão
queijo parmesão ralado
6 ovos
caldo de carne
manteiga

Na verdade, esta é uma receita francesa antiga, com ingredientes simples e baratos, que são combinados de forma engenhosa. Comece fazendo um caldo de carne. Pode ser um caldo caseiro ou em tabletes. Para o caldo caseiro coloque um pedaço de carne de segunda com osso numa panela grande e tampe, deixando cozinhar por algum tempo, até soltar bem o suco. Para o caldo com tabletes, corte-os em pedaços e dilua em água fervente com um pouco de limão ou vinagre.

Espalhe manteiga em fatias de pão, polvilhe-as com queijo ralado e frite-as levemente numa frigideira. Reserve essas fatias. Enquanto isso, num prato refratário de vidro, abra os ovos e cubra-os com caldo de carne. Em seguida leve ao forno, até o caldo ficar quente e os ovos coagularem. Coloque em cumbucas individuais as fatias de pão fritas com o queijo ralado e por cima o caldo com o ovo. Sirva bem quente.

## Sopão do amor
(8 pessoas)

1 pimentão
1kg de carne (pode ser agulha)
½ moranga
300g de frango (pode ser sobrecoxa)
2 espigas de milho
3 folhas de couve
2 batatas
300g de ervilha seca
5 cenouras
4 tomates

500g de aipim
1 molho de espinafre
1 cebola
1 garrafa de cerveja branca
1 pacote de sopa de cebola

Você vai precisar de uma panela ampla. Primeiro coloque as batatas cortadas grosseiramente. Depois acrescente a moranga também cortada em pedaços grandes. Em seguida, o pimentão e os tomates cortados. As cenouras e o aipim inteiros. Coloque a ervilha seca, as espigas de milho, o espinafre e a cebola picada. Depois acrescente o frango e a carne cortados em pedaços grandes. Por último dissolva a sopa de cebola com um pouco de cerveja, acrescente à panela o restante da cerveja e cubra todos os ingredientes com água. Tampe a panela e deixe cozinhar por, em média, 1 hora. Coloque a couve e deixe ferver por mais alguns minutos. Está pronto. Sirva bem quente!

## Bolo de goiaba

**Para a massa**:
½ xícara de leite
1 xícara de açúcar
2 colheres de sopa de manteiga
1 xícara de farinha de trigo
3 ovos
1 colher de chá de fermento em pó
1 colher de sopa de raspas de limão
½ xícara de fécula de batata

**Para o recheio**:
5 colheres de sopa de vinho do Porto
½ xícara de açúcar de confeiteiro
1 xícara e ½ de goiabada

Para a massa, bata as claras na batedeira até atingir picos firmes. Junte, aos poucos, as gemas e o açúcar e bata por mais 2 minutos. Adicione a farinha de trigo e a fécula de batata, peneiradas, sem bater, apenas misturando com uma colher. Aqueça o leite com a manteiga (reserve uma colher de sopa) e, assim que ferver, despeje na massa. Junte o fermento e as raspas de limão e misture delicadamente. Unte duas fôrmas para bolo pequenas e redondas, de 21 cm de diâmetro, com a manteiga reservada e enfarinhe. Despeje a massa e leve para assar em forno médio, preaquecido, por 25 minutos, ou até que, enfiando um palito, ele saia limpo. Para fazer o recheio, coloque a goiabada em uma panela com ½ xícara de água e leve ao fogo alto para derreter. Desenforme os bolos e retire as cascas das laterais e das superfícies. Coloque um deles em um prato, umedeça com um pouco de vinho e espalhe metade da goiabada. Repita o processo e polvilhe o açúcar de confeiteiro.

## Bolo de iogurte

1 copo de iogurte natural
1 copo de óleo
2 xícaras de farinha de trigo
2 xícaras de açúcar
4 ovos
1 pacotinho de fermento em pó

Bata no liquidificador os ovos, o iogurte e o óleo, até transformar num creme bem homogêneo. Enquanto isso, à parte, peneire juntos a farinha, o açúcar e o fermento em pó, misturando-os bem. A seguir, incorpore esses ingredientes ao creme do liquidificador, formando a massa do bolo, que deve ser colocada em fôrma untada com orifício central grande. Asse por aproximadamente 40 minutos.

## Bolo judaico

4 xícaras de farinha de trigo
1 colher de chá de bicarbonato
1 colher de sobremesa de fermento
1 xícara de açúcar
2 colheres de sopa de chocolate em pó
noz-moscada
5 ovos
1 xícara de azeite
1 xícara de café preto
1 xícara de mel
1 maçã

**Para a cobertura**:
1 copo de requeijão
1 xícara de açúcar
1 xícara de chocolate em pó
½ colher de rum
frutas cristalizadas

Todos os ingredientes são misturados e batidos na batedeira, menos os indicados para a cobertura, é claro. Mas antes peneire a farinha, o bicarbonato, o fermento, o açúcar e o chocolate em pó. Adicione a noz-moscada, os ovos, o azeite, o café preto, sem açúcar, o mel e a maçã raladinha. Bata bem na batedeira. Coloque a massa numa fôrma untada e enfarinhada. Leve ao forno preaquecido por, em média, uma hora e meia. Enquanto isso, faça a cobertura, misturando o requeijão, que deve ser bem consistente, com o açúcar, o chocolate e o rum. Mexa bem. Coloque a mistura por cima do bolo ainda quente e enfeite com as frutas cristalizadas.

## Bolo quente de maçã

2 maçãs médias sem casca e sem sementes
1 xícara de açúcar
5 colheres de sopa de manteiga
1 xícara e ½ de farinha de trigo
2 ovos batidos
1 xícara de frutas cristalizadas
1 colher de sopa de fermento em pó
1 colher de chá de canela em pó
1 xícara de chantilly para decorar
tiras de limão siciliano para decorar

Cozinhe e pique as maçãs. Em seguida, coloque-as em uma tigela; junte o açúcar, as frutas cristalizadas, a canela, a farinha de trigo e o fermento peneirados, os ovos, a manteiga derretida (reserve 1 colher de sopa) e misture bem até a massa ficar homogênea. Unte com a manteiga reservada uma fôrma quadrada de 19cm e enfarinhe. Despeje a massa e leve para assar em forno médio, preaquecido, por 40 minutos, ou até que, enfiando um palito, ele saia limpo. Desenforme o bolo morno e decore com o chantilly e as tiras de limão.

## Broas de mel
(10 unidades)

300g de farinha de trigo
100g de manteiga
200g de açúcar mascavo
2 ovos
2 colheres de sopa de melado
2 colheres de sopa de mel
2 colheres de sopa de canela em pó
1 colher de chá de erva-doce
1 pitada de noz-moscada ralada
1 colher de café de bicarbonato de sódio

É uma receita simples e saborosa, de origem portuguesa, muito fácil de executar. Misture à farinha todos os ingredientes, amassando bem. Forme broinhas pequenas, porque elas crescem, e leve ao forno quente por 20 minutos.

## Cuca de uva

**Para a massa**:
4 ovos
2 xícaras de açúcar
½ xícara de óleo
½ xícara de leite
3 xícaras e ½ de farinha de trigo
2 pacotes de fermento químico
1 kg de uva
1 copo de açúcar cristal

**Para a farofa**:
1 tablete de margarina
açúcar, canela e farinha

Separe as claras das gemas, bata as claras em neve e reserve. Bata 4 gemas com uma xícara de açúcar até ficar um creme bem fofo (tudo na batedeira), junte mais 1 xícara de açúcar e continue batendo. Junte meia xícara de azeite, continue batendo. Logo após, ainda com a batedeira ligada, acrescente 1 xícara de farinha, o leite morno, duas xícaras e meia de farinha já misturada com dois pacotinhos de fermento. Bata bem. Desligue a batedeira e misture tudo com as claras em neve. Unte a fôrma somente com azeite e despeje a massa. Coloque sobre a massa as uvas, que já estarão envolvidas no açúcar cristal, e por último a farofa. Leve ao forno preaquecido por aproximadamente 1 hora.

## Pão de aipim
(2 pães médios)

1 xícara de leite morno
1 colher de sopa de açúcar
1 colher de sopa de sal
1 ovo
1 envelope de fermento biológico
5 xícaras de farinha de trigo
2 xícaras de aipim cozido
2 colheres de manteiga

Junte o açúcar, sal, fermento, meia xícara de farinha e o leite em um recipiente. Misture até o fermento dissolver. Adicione o aipim, o ovo e a manteiga e mexa bem. Acrescente aos poucos a farinha e sove até obter uma massa lisa e homogênea, desprendendo-se das mãos. Deixe descansar até dobrar de tamanho. Sove novamente, modele os pães. Cubra e deixe descansar até dobrar de volume novamente. Coloque no forno a 200 graus por 30 a 40 minutos.

## Pão de banana

½ xícara de chá de manteiga
1 lata de leite condensado
2 ovos
3 bananas e ½, das médias
1 xícara e ½ de chá de farinha de trigo
1 colher de chá de sal
1 colher de sopa de fermento em pó
1 colher de chá de bicarbonato
1 xícara de chá de ameixa preta

Na batedeira, bata a manteiga, em seguida acrescente o leite condensado, batendo mais um pouco. Acrescente os ovos. Bata. Coloque as bananas amassadas. Bata de novo. Numa peneira, coloque a farinha de trigo, o sal, o fermento, o bicarbonato. Vá peneirando na mistura batida na batedeira. Mexa devagar e acrescente a ameixa picada. Misture bem. Coloque numa fôrma untada e enfarinhada. Leve ao forno por uma hora, mais ou menos. Vá cuidando para não queimar, furando a masa com um palito de vez em quando.

## Pão de queijo

2 xícaras de chá de farinha de trigo
1 xícara de chá de queijo ralado
1 xícara e ¼ de leite morno
2 pacotinhos de 10g de fermento biológico
1 colher de sopa de manteiga
sal

Numa gamela, coloque a farinha, o queijo, o leite morno, a manteiga, um pouquinho de sal e o fermento. Misture bem e, depois que a mistura começar a ficar homogênea, amasse-a bem até desgrudar das mãos. Faça as bolinhas e coloque-as numa fôrma untada e enfarinhada. Leve ao forno médio por 30 minutos, mas cuide para não dourar muito os pães. Estão prontos!

## Pão recheado

500g de farinha de trigo
1 colher de sopa de fermento biológico
1 colher de sobremesa de açúcar
2 colheres de manteiga
3 ovos
1 xícara de leite morno
1 pitada de sal

Peneire a farinha com o fermento. Misture as gemas, o açúcar, o sal, os ovos e o leite. Mexa bem. Comece a misturar a massa com as mãos. Quando estiver desgrudando, abra-a com um rolo. Deve ficar do tamanho de um dedo. Corte a massa em quadrados e coloque o recheio que preferir. Pode ser goiabada com queijo, presunto com figo, só queijo... Feche as bolinhas e coloque-as em uma fôrma untada e enfarinhada. Leve ao forno médio por 30 minutos. Está pronto!

## Banana ao forno

4 bananas
6 ovos
1 xícara de açúcar
4 colheres de manteiga
1 limão

Corte as bananas em rodelas e acrescente o suco do limão. Numa frigideira, derreta a manteiga e coloque as bananas, sem o suco do limão. Deixe por alguns minutos no fogo e desligue. Separe as claras das gemas. Com as gemas, bata uma gemada acrescentando o açúcar, aos poucos. Bata as claras em neve e misture com a gemada. Coloque metade da mistura num refratário untado e leve ao forno até dourar. Retire, coloque as bananas, a outra metade da mistura e retorne ao fogo para dourar novamente. Está pronto!

# Estrogonofe de bombom

**Para o creme de chocolate:**
2 latas de leite condensado
1 lata de leite de vaca
6 gemas
1 colher de margarina
6 colheres de chocolate em pó

**Para a finalização:**
6 claras em neve
1 lata de creme de leite
15 bombons picados
100g de nozes

Misture bem os ingredientes para o creme de chocolate e leve ao fogo até engrossar, mexendo sempre. Retire do fogo e deixe amornar. Bata as claras em neve e misture-as ao creme de chocolate ainda morno. Logo após, acrescente o creme de leite sem o soro, misturando bem. Por fim, agregue os bombons e as nozes. Leve à geladeira por 2 horas, no mínimo.

# Minissonho

**Para a massa:**
1 xícara de leite morno
4 colheres de sopa de açúcar
100g de manteiga amolecida
1kg de farinha de trigo
50g de fermento biológico
1 colher de chá de essência de baunilha
4 gemas
½ colher de chá de raspas de casca de limão
4 ovos inteiros
1 pitada de sal

**Para o recheio:**
1 xícara de leite
½ xícara de açúcar
1/3 de xícara de maisena
1 lata de leite condensado
1 colher de chá de essência de baunilha
6 gemas

Prepare o recheio: misture o açúcar com a maisena e acrescente as gemas, mexendo muito bem. Acrescente aos poucos o leite frio, misture novamente e adicione o leite condensado. Coloque em uma panela e leve ao fogo baixo para cozinhar até que o creme engrosse. Retire do fogo e deixe esfriar. Para fazer a massa, dissolva o fermento no leite morno, acrescente 1 xícara de farinha de trigo e misture bem, junte os ingredientes restantes, exceto a farinha, e misture bem. Vá acrescentando farinha de trigo até obter uma massa macia e que não grude nas mãos. Coloque a massa em uma tigela grande, cubra com um pano limpo e deixe-a dobrar de volume, cerca de 40 minutos. Amasse novamente a massa por 5 minutos e abra-a com um rolo, deixando-a com a espessura de 2cm. Corte com um cortador redondo (3cm aproximadamente). Salpique um pano limpo com farinha de trigo e coloque sobre ele os disquinhos de massa. Deixe crescer por mais 20 minutos. Frite-os em óleo quente até que estejam bem dourados, escorra e coloque sobre papel absorvente. Corte os sonhos ao meio e coloque um pouco do recheio, feche novamente e salpique com açúcar.

## Musse de chocolate diet

4 claras
8 colheres de adoçante em pó
500g de nata
8 colheres de chocolate em pó diet

Bata as claras em neve, acrescente o adoçante em pó, até o ponto de suspiro. Misture o chocolate em pó diet e a nata, delicadamente, sem bater. Sirva gelado.

## Musse de maracujá diet

1 copo de adoçante em pó
1 copo de leite desnatado em pó
½ copo de leite desnatado
2 caixinhas de creme de leite light
½ copo de suco de maracujá (sem açúcar)

Bata o adoçante com o leite em pó no liquidificador. Depois junte os outros ingredientes e bata mais um pouco. Sirva gelado.

## Pão-de-ló de morango

2 ovos
4 colheres de farinha de trigo
½ colher de fermento para bolo
2 caixas de morango
1 colher de chocolate em pó light
½ xícara de adoçante

1 xícara de leite em pó
½ copo de água

Primeiro faça o pão-de-ló. Bata as claras em neve e depois acrescente o adoçante. Bata mais um pouco. Misture as gemas e peneire a farinha e o fermento. Bata bem até obter uma massa homogênea. Coloque a massa num refratário untado com margarina e leve ao forno por 15 minutos. Retire do forno e deixe esfriar um pouco. Depois corte os morangos e faça uma camada por cima do pão-de-ló. Para a cobertura, misture o chocolate em pó, a ½ xícara de adoçante, o leite em pó e a água. Leve ao fogo baixo mexendo sempre. Não deixe engrossar muito, se for preciso coloque mais água. Cubra os morangos e o pão-de-ló com a calda de chocolate e está pronto. Pode ser servido gelado.

## Pavê preto e branco

1 lata de leite condensado
1 lata (medida) de leite integral
2 ovos
1 colher de sopa de maisena (10g)
6 colheres de sopa de achocolatado (60g)
4 colheres de sopa de açúcar (48g)

1 lata de creme de leite, sem soro (300g)
1 colher de sobremesa de essência de baunilha
200g de biscoito champanhe
100g de chocolate meio-amargo picado

Numa panela, misture leite condensado, metade do leite integral, as gemas peneiradas, maisena e três colheres de achocolatado. Leve ao fogo baixo, mexendo muito bem, até adquirir aspecto cremoso. Reserve. Umedeça os biscoitos no leite restante com essência de baunilha. Forre com a metade dos biscoitos uma fôrma retangular (20x30cm), coloque o creme de chocolate reservado, o chocolate meio-amargo picado, os biscoitos restantes e por último as claras batidas reservadas. Leve à geladeira por 4 horas. Quando for servir, peneire o restante do achocolatado sobre a superfície.

## Pecado mortal light

1 abacaxi
1 copo de adoçante que possa ir ao fogo
1 copo de água
1 lata de creme de leite light
1 colher de farinha de trigo
1 pacote de pó para pudim sabor baunilha

Corte o abacaxi em pedaços pequenos e cubra-os com a água e o adoçante. Misture bem e deixe por 3 horas de molho. Depois retire a água com o adoçante. Leve ao fogo em uma panela com a farinha de trigo e o pó para pudim. Misture sempre até engrossar. Desligue o fogo e acrescente os pedaços de abacaxi. Mexa bem. Leve para a geladeira até que fique bem firme e gelado. Acrescente o creme de leite, misture bem e está pronto.

## Pudim de laranja ao forno

1 dúzia de ovos
24 colheres de açúcar
2 copos de suco de laranja
1 colher de maisena
1 pitada de sal

Leve tudo ao liquidificador. Depois, derrame a mistura numa fôrma caramelizada com uma xícara de açúcar. Em seguida, asse em forno médio por uma hora e 15 minutos, mais ou menos. E está pronto. É importante desenformar ainda morno. Depois leve à geladeira e sirva bem gelado.

# Pudim quatro sabores

**Para o pudim (manjar branco):**
1 lata de leite condensado
1 lata de creme de leite sem o soro
200ml de leite de coco
1 envelope (24g) de gelatina em pó sem sabor
5 colheres de água para dissolver a gelatina

**Para a calda de pêssego:**
1 lata de pêssegos em conserva sem caroço

**Para a calda de goiaba:**
500g de goiabada
1 copo de água

Uma receita fácil de fazer e muito colorida. Bata todos os ingredientes do pudim no liquidificador, coloque numa fôrma e leve à geladeira, até ficar firme. Depois que ficar firme, desenforme. Como não precisa ir ao fogo, o ideal é uma fôrma de plástico, que deve ser previamente molhada, antes de derramar a mistura, para facilitar na hora de desenformar. Os quatro sabores, na verdade, são quatro caldas, cada uma melhor do que a outra, que você derrama sobre as porções de pudim, na hora de servir: pêssego, morango, ameixa e goiaba. A variedade de cores e sabores é a alma dessa sobremesa. E os convidados podem escolher a calda de sua preferência. Todas são fáceis de fazer – cada uma delas é batida no liquidificador e depois levada ao fogo em uma panela para engrossar um pouco. Deixe esfriar e derrame sobre o pudim.

## Quindim rápido

1 xícara e ½ de coco ralado
1 xícara de manteiga derretida
1 ovo inteiro
11 gemas
3 xícaras de açúcar

Unte uma fôrma de furo no meio e salpique com açúcar. Misture bem todos os ingredientes e coloque dentro. Asse em forno moderado por 1 hora, retire e deixe esfriar. Se preferir aquele quindim mais transparente, com a casquinha de coco, coloque o creme na fôrma e deixe descansar por 1 hora antes de levar ao forno. Asse em forno moderado por 1 hora.

## Sagu de abacaxi

1 abacaxi maduro
1 xícara de sagu
1 xícara e ½ de açúcar
5 xícaras de água
cravo e canela a gosto

Lave e descasque o abacaxi, coloque as cascas em uma panela para ferver até virar um chá. Depois é só coar e acrescentar a xícara de sagu. Cozinhe até as bolinhas ficarem transparentes. Em outra panela, coloque o abacaxi picado em cubinhos junto com a xícara de açúcar e deixe cozinhar até virar um doce. Depois é só misturar os dois e servir.

## Sanduíche de coco

**Para a massa**:
2 claras
2 gemas
4 colheres de açúcar
4 colheres de farinha de trigo
2 colheres de chocolate em pó
½ colher de fermento em pó para bolo

**Para a cobertura:**
1 lata de leite condensado
100g de coco ralado
1 colher de margarina

Bata na batedeira as claras. Quando estiverem em ponto de neve, vá acrescentando o açúcar aos poucos, sempre batendo. Depois coloque as gemas. Desligue a batedeira e coloque o chocolate, a farinha e o fermento peneirados. Misture bem até ter uma massa homogênea. Unte um prato refratário e leve a mistura para o forno médio por, aproximadamente, 25 minutos. Para fazer a cobertura, coloque a margarina e o leite condensado numa panela para engrossar. Sempre mexendo. Depois coloque o coco e misture bem. Coloque a cobertura em cima da massa e leve para a geladeira. Está pronto!

## Supertorta de limão

**Para a massa:**
1 xícara e 1/3 de maisena
1 xícara de farinha de trigo
100g de margarina
1 ovo

1 gema
1 colher de açúcar

**Para o recheio**:
1 lata de leite condensado
1 lata de creme de leite
1 copo de suco de limão
merenguinhos

Para fazer a massa, passe por uma peneira a maisena, a farinha e o açúcar. Depois misture o ovo e a gema. Em seguida, a margarina. Com as mãos, misture tudo até obter uma massa. Forre o fundo e as laterais de uma fôrma com fundo removível e leve ao forno por, em média, 15 minutos. Não deixe dourar muito a massa. Retire e deixe esfriar. Faça o recheio batendo no liquidificador o leite condensado, o creme de leite e o suco de limão. Coloque o recheio na massa já fria. Enfeite com os merenguinhos e com raspas de casca de limão. Leve a torta para a geladeira por 2 horas. Está pronta!

## Surpresa gelada light

2 gelatinas em pó diet de tangerina
3 xícaras de chá de água fervente

2 tangerinas em gomos
2 maçãs em cubinhos
3 pêssegos sem casca em pedaços pequenos
4 fatias de abacaxi
folhas de hortelã

Dissolva a gelatina em 2 xícaras de água. Adicione o restante da água, misture bem e deixe esfriar. Misture as frutas. Em uma fôrma decorada e molhada, espalhe as frutas no fundo. Despeje a gelatina e leve à geladeira para endurecer. Na hora de servir, mergulhe a fôrma em água quente por alguns segundos e vire-a no prato de servir. Decore com as fatias de abacaxi cortadas em metades e as folhas de hortelã.

## Torta de maçã e nata perfumada

**Para a massa**:
6 maçãs
4 ovos
1 colher de fermento químico para bolo
2 colheres de sopa de casca de limão
2 xícaras de margarina

4 xícaras de farinha de trigo
1 e ½ xícara de açúcar

**Para polvilhar**:
½ xícara de açúcar
1 colher de canela em pó

**Para a nata perfumada**:
4 colheres de nata fresca
1 colher de sopa de açúcar
1 colher de sopa de licor

Primeiro descasque as maçãs e corte-as em finas fatias. Para que não fiquem escuras, coloque-as de molho em água gelada com suco de limão. Para fazer a massa, misture bem a margarina e o açúcar, até obter um creme branco. Acrescente os ovos inteiros, misture de novo com cuidado. Coloque a farinha e o fermento peneirados. Misture muito. Quando a massa estiver bem homogênea, acrescente as raspas de limão. Misture novamente. Coloque a massa numa fôrma redonda com fundo removível já untada com óleo. Cubra a massa com as maçãs. Polvilhe o açúcar misturado à canela. Leve ao forno médio por 45 minutos, mais ou menos. Cuide para não queimar as maçãs. Se for preciso, no final do cozimento, cubra a torta com papel-alumínio, que permite cozinhar a massa sem queimar as maçãs. Para fazer a nata perfumada, misture-a com o açúcar e bata bem. Quando o creme estiver bem misturado, acrescente o licor e misture novamente. Leve para a geladeira antes de servir.

## Torta de sorvete a jato

1 pote de sorvete de creme
2 potes de doce de leite
1 lata de ameixa em calda
bolachas maria

Num refratário amplo, faça a primeira camada com o sorvete de creme. Depois cubra com bolachas maria. Faça mais uma camada com o doce de leite. Mais uma de sorvete, outra de bolachas, outra de doce de leite e uma de sorvete e, por cima, as ameixas batidas, sem caroço, no liquidificador. Leve para o congelador por, em média, 2 horas.

## Torta musse

250g de chocolate em pó
250g de manteiga

250g de açúcar
7 ovos inteiros

Coloque as gemas e 4 claras em um recipiente e acrescente metade do açúcar. Misture bem e leve ao banho-maria (fogo bem baixo), mexendo sem parar, até que atinja uma temperatura de cerca de 80 graus. Retire imediatamente. Deixe esfriar completamente. Preaqueça o forno em temperatura média. Coloque em uma batedeira a manteiga em temperatura ambiente e o açúcar restante. Bata por cerca de 10 minutos, até obter uma mistura bem lisa e macia. Acrescente aos poucos a mistura de ovos, batendo por mais 10 minutos. Peneire o chocolate em pó e vá acrescentando aos poucos à massa. Quando o chocolate estiver totalmente incorporado, retire e leve à geladeira. Bata em neve as 3 claras restantes e misture delicadamente à massa de chocolate. Unte e enfarinhe uma fôrma de aro removível (25cm) e coloque no fundo da fôrma um quarto da massa. Alise bem e leve ao forno por 15 minutos para fazer o fundo da musse. Retire do forno e deixe esfriar. Acrescente a musse restante sobre a massa e leve à geladeira por 6 horas. Sirva com calda de maracujá ou com creme de chantilly.

# Waffle light

½ colher de chá de sal
3 colheres de sopa de manteiga derretida
18 colheres de sopa de farinha de trigo
2 ovos
2 colheres de chá de fermento em pó
1 xícara de chá de leite desnatado

**Para acompanhar:**
1 colher de sopa de geléia de frutas sem açúcar ou
2 colheres de sopa de requeijão temperado com
ervas frescas picadas

Numa tigela, peneire a farinha de trigo, o sal e o fermento. Reserve. À parte, bata as gemas até ficarem claras e, aos poucos, junte o leite misturado com a manteiga até ficar homogêneo. Acrescente os ingredientes secos, mexendo bem com uma colher, mas sem bater, até a massa ficar lisa. Por último, incorpore as claras batidas em neve e mexa delicadamente até obter uma massa homogênea. Aqueça uma frigideira própria para waffle e despeje um pouco de massa, sem enchê-la muito, para não derramar. Feche a frigideira e deixe por 4 minutos ou até os waffles dourarem. Repita a operação até terminar a massa. Sirva com a geléia de frutas ou o requeijão com ervas.

# *Curiosidades, dicas e truques*

## **CURIOSIDADES**

### ABACATE

Quando a gente pensa em abacate no Brasil, pensa logo em sobremesa ou numa vitamina batida com leite. Em outros países ele tem usos bem mais variados. Devido ao sabor indefinido da polpa, pouco açucarada, o abacate também pode ser consumido salgado, de acordo com os hábitos dos povos que o cultivam. Na Europa, na América Central e no México, por exemplo, o abacate é apreciado ao natural, e também como um ingrediente próprio para saladas, misturado com verduras, tomates, cebolas, ervas aromáticas e temperado com maionese, vinagre, azeite, sal, pimenta e outras especiarias. É servido também como acompanhamento para torradas, pães e pratos salgados. É uma fruta preciosa, riquíssima em vitaminas e proteínas. Entre outras virtudes, é muito eficaz no combate à queda de cabelo, por causa das doses elevadas de vitaminas do complexo B.

## AÇAFRÃO

O verdadeiro açafrão é um dos temperos mais caros do mundo. Em pequenas quantidades, ele dá um toque especial de sabor e cor à comida. Ele é tão caro porque só se utiliza o seu pistilo, colhido manualmente. É preciso colher 150 mil flores para conseguir um quilo de pistilos, que, quando secos, são empacotados inteiros ou em pó. Ele tem um aroma intenso e agradável e um sabor levemente amargo.

**Eficiente corante**

O açafrão funciona como eficiente corante. É a única especiaria cujos componentes aromáticos e corantes são solúveis em água. Antigamente, este pigmento era muito utilizado na pintura de afrescos e na coloração de vidros.

**Propriedades medicinais**

Os egípcios, os israelitas e os gregos apreciavam o açafrão pelas propriedades medicinais. Chegou a ser recomendado para todos os males, desde a dor de dente até a peste. Atualmente se sabe que, em grandes quantidades, é um potente tóxico, além de abortivo, e pode produzir graves transtornos nervosos e renais. Devido ao alto preço, a intoxicação com açafrão é bastante rara, apesar de 20 gramas poderem causar a morte. Vale lembrar que nas receitas o uso é mínimo, já que ele é muito concentrado, não havendo riscos para a saúde. O açafrão tem ferro, manganês, potássio, vitamina B3 e B6 e vitamina C. Tem propriedades digestivas. Além disso, pode aliviar as dores menstruais.

## ALECRIM

O alecrim é uma erva fácil de ser cultivada até num vaso na sacada e tem poderes mágicos. É a erva da juventude eterna, do amor, da amizade e da alegria de viver. Os antigos diziam que um ramo de alecrim embaixo do travesseiro afastava os maus sonhos, e no passado os jovens carregavam sempre um ramo nas mãos, para tocar com ele na pessoa amada e ter seu amor para sempre.

## CARNE DE CACHORRO

Existe uma curiosidade enorme em relação ao estranho hábito coreano de comer carne de cachorro. O costume realmente existe e vem de séculos antes de o cachorro se tornar um bicho de estimação para os homens. O fato é que, com o tempo, o cachorro tornou-se o melhor amigo do homem, mas na Coréia... continuou a ser usado no jantar! Não é qualquer cachorro, não, que eles põem na panela. Existe uma espécie determinada de cães coreanos que é criada especialmente para o abate.

O abate de cães para alimentação e o consumo dessa carne são rigidamente controlados pelo governo. Na verdade, a maioria dos 47 milhões de habitantes da Coréia nunca provou a carne de cachorro, até porque é caríssima. A popularidade da carne de cachorro, especialmente entre a população masculina e mais idosa, se deve ao fato de atribuírem à carne canina poderes afrodisíacos e terapêuticos. Segundo a lenda, o positang, um caldo feito de carne de cão, é mais poderoso do que o viagra.

## CARNE MALPASSADA

**Em defesa de quem gosta de comer carne vermelha malpassada, tipo boi berrando.**

Esses dias, eu estava lendo um livro de um grande cientista americano que é também um grande cozinheiro: Robert Wolke. Descobri uma preferência comum: ele e eu gostamos de carne malpassada. E ele escreve sobre aqueles amigos à mesa que reclamam do boi berrando, que dizem não gostar de ver o sangue da carne. Wolke recomenda que o melhor é sorrir, porque num bife ou num churrasco, por mais malpassados que estejam, não há praticamente nenhum sangue. Aquele saboroso caldo que escorre, na verdade, é o suco natural da carne. Quando a carne é bem passada, ela fica ressecada. Quando a carne é malpassada, os sucos naturais e a umidade da carne são preservados. Mas nada a ver com sangue. A maior parte do sangue que circula pela veias de um boi jamais chega ao açougue, quanto mais à mesa de jantar.

## CHANTILLY, CRIAÇÃO DE UM DOIDO GENIAL

A boa mesa deve a um doido fantástico, Fritz Carl Vatel, a invenção do creme chantilly, há mais de 300 anos. Vatel, que mereceu um filme com Gérard Depardieu, chamou a atenção dos senhores da corte da cidade de Chantilly, na França, por ter criado um creme para sobremesa até então desconhecido. Até hoje não se sabe se esse invento aconteceu de propósito ou por acidente. Verdade que o leite da região de Chantilly era mais gorduroso do que o comum e, por isso mesmo, mais apropriado à bateção que o transformaria numa pasta vaporosa e densa. Mas a idéia de acrescentar açúcar ao creme de leite batido, transformando-o no maravilhoso creme chantilly que conhecemos hoje, essa ninguém tira de Vatel. Por isso, nossa gratidão eterna a esse doido genial.

## COR

**O salmão vai ficar cinzento e a gema de ovo menos amarela. Mas a saúde vai agradecer.**

O salmão vai perder a sua característica cor de salmão e passar a ser mais acinzentado. E os ovos vão ficar com a gema de um tom amarelo mais desmaiado. Tudo porque a União Européia proibiu a canta-xantina, um aditivo alimentar de cor vermelha que confere a alguns produtos uma cor mais bonita, caso do salmão e da gema de ovo. Cientistas descobriram que esse aditivo pode provocar a cegueira em seres humanos, por isso a proibição. A cor do salmão selvagem provém da sua alimentação rica em camarões. Mas o salmão criado em cativeiro, em vez de marisco, come corantes. Aquelas gemas de ovo do passado ficavam bem amarelinhas por causa do milho. Hoje, as galinhas alimentadas com ração comem também corantes para amarelar a gema. Então a cor mais feia do salmão e dos ovos será um benefício para a saúde, e o gosto dos alimentos não mudará.

## MANJERICÃO

**Estrela de um bom molho, equivale a uma declaração de amor**

O tradicional molho de tomate com manjericão para massa compõe um prato simples e perfeito.

E veja que essa parceria começa na horta: o manjericão é a planta companheira dos tomateiros, porque afasta a terrível mosca branca que dizima os tomates. E, perto das pimentas, serve para perfumá-las. Na França, o costume popular ensina que o manjericão só cresce viçoso quando a semeadura é feita acompanhada de xingamentos e palavrões. Mas isso é por conta do mau humor dos franceses. O manjericão nasce e cresce com facilidade até num vaso de flores da sacada, sem palavrão. E na Itália é um símbolo: para um italiano, entregar um ramo de manjericão a uma mulher equivale a uma declaração de amor.

## MUSSES

As musses, doces e salgadas, quase sempre muito saborosas, estão na moda. A França é a pátria das musses, daquelas de consistência quase mágica e sabor de nuvem. Em francês é masculino, é *o* musse ("le mousse"). Para nós, o uso corrente transformou em feminino, *a* musse, talvez pelo sentido da palavra francesa em português: "mousse" quer dizer "espuma", substantivo feminino. Existem muitas teorias e histórias sobre a origem da palavra musse. Na Roma antiga, existia uma mistura de mel com vinho chamada de muslum. Com as modificações do latim, a palavra transformou-se em mulsa, e depois em mousse. *Mousse*, na França, ou musse, no bom português, significa algo leve e espumoso, porém com textura estável. Podemos preparar musses a partir de praticamente todos os ingredientes, doces ou salgados. Basta acrescentar claras batidas em neve ou creme de leite batido. A musse é um prato leve e pode ser servida como entrada, no caso das musses salgadas, ou como uma deliciosa sobremesa, sempre fria. Não esqueça de dar atenção especial à apresentação do prato. O paladar é estimulado pela elegância do visual.

## SANDUÍCHE

O sanduíche, hoje, é uma instituição universal. Diariamente, bilhões de sanduíches são consumidos no mundo, sob as formas mais diversas. A origem desse prato está associada a um inglês, John Montagu, que viveu entre 1718 e 1792, e que tinha o título nobre de Conde Sanduíche. Ele era um jogador inveterado, que passava dias e noites nas bordas do pano verde, mergulhado na mais desenfreada jogatina. Um dia, sem que o jogo lhe deixasse tempo para comer, o Conde Sanduíche pediu a um empregado que lhe trouxesse um pedaço de carne entre duas fatias de pão, para poder saciar a fome sem precisar se afastar da mesa de jogo. Estava inventado o sanduíche, e o nome, convenhamos, é uma homenagem justa ao inventor.

## DICAS DE ECONOMIA

### ALFACE

Para conservar as alfaces por muitos dias, embrulhe-as, sem apertar, em pano ou jornal molhado com água. A salada de alface deve ser temperada pouco antes de ser consumida.

Os temperos, principalmente o sal, fazem com que as folhas murchem mais rapidamente.

### CARNES

**Como reaproveitá-las sem que percam o sabor?**

Até o microondas resseca as carnes já cozidas. Uma boa idéia é colocá-las num saco plástico, desses com zíper, fechando bem e retirando todo o ar de dentro. Aí você coloca o saco plástico com a carne dentro de uma panela com água bem quente. Com isso, a água vai aquecer a carne dentro do saco plástico, mas não o suficiente para cozinhá-la. É uma boa dica para evitar o desperdício, permitindo reaproveitar carnes preservando o sabor.

## EXTRATO DE TOMATES

### Evitando o desperdício

Você já calculou o tanto de extrato de tomate que vai para o lixo? Você usa um pouquinho, o que sobra volta para a geladeira e, depois de poucos dias, lixo! A solução é congelar. Congele na própria caixinha. No momento de utilizar, retire o extrato do freezer e corte a porção desejada. O restante volte ao congelador, embrulhado em um filme plástico, onde pode ficar guardado por até três meses. Um pouco de economia não faz mal a ninguém!

## LEGUMES

### Aproveitando a água da fervura

A cozinha é a peça mais dispendiosa de uma casa. Em nenhum outro local de uma residência vai tanto dinheiro, todos os dias. Na cozinha tem o custo fixo diário da compra de alimentos e ingredientes para alimentar a família. Então, é preciso economizar. E, pensando bem, dá perfeitamente para economizar, sem baixar a qualidade. E até há certos truques que aumentam a qualidade da receita, com economia. Por exemplo, as pessoas normalmente jogam fora a água em que cozinharam legumes. É um erro, porque essa água é preciosa, pois contém sais minerais e vitaminas. Além disso, tem sabor. Qualquer alimento preparado com a água do cozimento de legumes fica muito mais gostoso. Ela pode ser aproveitada como base para uma sopa, no feijão, e serve também para enriquecer o sabor de qualquer molho. Também não despreze a água que vem nas conservas de palmito, aspargo, milho ou champignon. Use-a nas suas receitas, pois ajudará a dar um sabor especial.

## LEITE TALHADO

De repente, o leite talhou. Não se preocupe. Leite talhado é ótimo para ser usado em bolos.

## OSSOS

**Ingredientes preciosos de um bom caldo**

Gosto sempre de pensar em ingredientes baratos, que podem ajudar a fazer grandes pratos, daqueles de consagrar o cozinheiro ou a cozinheira. Ossos, por exemplo. São muitas vezes sobras de outros cortes, que as pessoas jogam no lixo ou dão para o cachorro. No açougue, consegue-se comprá-los por valor irrisório. E eles são ingredientes essenciais para o preparo de sopas, caldos, ensopados e molhos, ajudando a dar um sabor muito especial. Além de cálcio, os ossos contêm cartilagem, colágeno e aqueles pedacinhos de carne que ficam grudados. Como todos sabemos, a melhor carne é aquela que fica junto ao osso. Portanto, usando ossos, estaremos incorporando ao caldo exatamente a melhor carne.

## OVOS

### A melhor forma de conservá-los

Às vezes, até na geladeira os ovos ficam velhos e impróprios para o uso. A boa notícia, que poucos sabem, é que a melhor forma de conservar ovos, por até um ano, é no congelador. Congelar ovos é uma boa idéia para evitar o desperdício. Entretanto, quando forem descongelados, deverão ser usados imediatamente e jamais poderão voltar ao congelador, nem ficar guardados no armário ou na geladeira – tem que usar logo. O detalhe importante é que, descongelados, os ovos ficam perfeitos para o consumo e não perdem nenhuma de suas propriedades.

## RESÍDUOS DE PERU OU DE FRANGO QUE FICAM NA ASSADEIRA

É doloroso ver que muita gente, depois de assar o peru ou a galinha, simplesmente joga no ralo aquelas crostas e gorduras que sobram. Esses resíduos são compostos de sucos, partículas douradas e compostos maravilhosos que retêm todo o sabor e todos os aromas do assado. É um crime jogar esse tesouro no ralo. O certo é desgrudar cuidadosamente todas as crostas, gorduras e restos que ficam na assadeira, usando para isso água fervente. Depois, leve ao fogo numa panela, engrossando com um pouco de farinha de trigo, previamente dissolvida em água fria. Fica um molho divino para acompanhar o jantar, ou até para saborear com um pão novinho, recém-saído do forno.

## SAÚDE NO CARDÁPIO

### A cozinha do amanhã

Até recentemente, saúde e sabor dos alimentos pareciam coisas incompatíveis. Comida *light*, ou de dieta, parecia sinônimo de comida ruim. Hoje, se sabe que o ser humano morre pela boca. A alimentação desregrada pode matar. E a saúde foi incluída no cardápio. Olhem só as palavras de Joël Robuchon, considerado um dos maiores cozinheiros de todos os tempos: "Acredito que vamos na direção de uma culinária nutritiva e dietética. Estou cada vez mais convencido disso: caminhamos na direção de uma cozinha preocupada com a saúde. A base da culinária do 'amanhã' será dietética. As pessoas aprenderão a controlar a própria alimentação, saberão o que devem comer. É claro que os restaurantes terão que se adaptar".

## SOJA

A Ásia apresenta os mais baixos índices de câncer de mama e câncer de próstata do mundo. Os cientistas estão associando esse fato à alimentação das pessoas, uma dieta pobre em gorduras e proteína animal e que, além do arroz, tem outro elemento muito saudável: a soja. E exatamente a soja está sendo apontada pelos cientistas como um poderoso anticancerígeno, grande arma contra o câncer. Segundo as pesquisas, a soja na alimentação previne e combate o câncer. Com a soja, os chineses, vietnamitas e japoneses fazem de tudo na cozinha, desde saladas coloridas até suculentos ensopados. E nós, que temos soja abundante e barata, exportamos quase toda a produção. Na nossa mesa, infelizmente, não há lugar para um alimento que salvaria muitas vidas.

## UVA

A uva é uma das mais antigas e abundantes frutas do mundo e é cultivada em seis dos sete continentes. A maior parte da fruta cultivada anualmente no mundo inteiro é fermentada para produzir vinho. As uvas são divididas em duas espécies principais: a européia, que engloba a maioria das variedades usadas para consumo direto e para produção de vinho, e a americana, que pode ter sua casca removida facilmente e que é principalmente utilizada na produção de geléias, gelatinas e sucos. O tipo europeu é o mais nutritivo das duas variedades, mas nenhum deles se destaca em termos nutricionais quando comparados a outras frutas. A maioria contém grande quantidade de potássio e ferro. As cascas das uvas contêm um pigmento vegetal que regula os níveis de colesterol no sangue.

## VINHO

### Quarenta séculos atrás já se conheciam os efeitos medicinais do vinho

Todos pensavam que o benefício do vinho à saúde era uma novidade científica dos últimos vinte anos. Dados de uma pesquisa mostram que esses poderes medicinais da "bebida dos deuses" já eram conhecidos, pelo menos, desde o século 20 antes de Cristo. Isto é, há quarenta séculos, povos antigos, como os egípcios, gregos e romanos, já receitavam o vinho como antisséptico, tranqüilizante, hipnótico, antináuseas, estimulante de apetite, digestivo, antianêmico, diurético, laxante, antibacteriano, antitérmico, cicatrizante e, é claro, como tônico reanimador. Existe até uma lenda de que o vinho teria sido descoberto pela amante do rei Jamsheed, da Pérsia (atual Irã), que também descobriu seus benefícios à saúde. O Rei gostava tanto de uvas que, para poder comê-las durante o ano todo, costumava estocá-las em vasos. Certo dia, as frutas de um desses potes fermentaram, tornando-se amargas e tornando-se vinho! Achando que o líquido resultante desse processo estivesse envenenado, o rei escreveu uma advertência no vaso. O aviso atraiu sua amante, que havia decidido se matar, bebendo do líquido. Em vez de morrer, ela começou a se sentir muito feliz e dormiu bem como não conseguia havia tempos. Quando soube do "milagre", o rei passou a ingerir com freqüência o novo tônico, que logo ficou famoso por seus poderes de cura e foi chamado de "Medicina Real".

## DICAS DE SAÚDE

### ABACATE

Considerado uma rica fonte de vitamina A e potássio – importante para a contração muscular –, o abacate tem também mais proteína que qualquer outra fruta: cerca de 1,8g para cada porção de 110g. Possui, ainda, magnésio e vitaminas C, E, B2, B5 e B6. O abacate tem uma taxa de gordura muito alta – 100g fornecem 16g de gorduras, sendo muito rico em calorias, o que o torna contra-indicado para regimes de emagrecimento ou de manutenção de peso. Além disso, contém alguns sais minerais, como cálcio e fósforo.

## ALECRIM

O vinagre com alecrim restabelece o pH natural do cabelo e da pele. E o chá de alecrim combate o reumatismo.

## ALFACE, CALMANTE E NUTRITIVA

Com a febre do emagrecimento, surgiram nos cardápios saladas de todos tipos. Salada de manga, salada de endívia com alcaparras, salada de rúcula com morangos etc. etc. Mas a rainha de todas as saladas é a salada de alface. Além de qualidades nutritivas e digestivas, a alface tem poderes calmantes. Tá nervoso, come uma folhinha de alface. Sobre as qualidades nutritivas: poucos sabem que as folhas externas da alface têm mais vitaminas que as novinhas, que ficam no seu interior. Por isso, aproveite essas folhas mais escuras e durinhas, fazendo uma salada que leve outros ingredientes. Corte-as em tiras bem fininhas.

## ANSIEDADE

**Como diminuir**

Extraia o suco de uma erva-doce em uma centrífuga. Acrescente um pouco de água e, se quiser, um pouco de açúcar. Beba lentamente respirando os aromas liberados no suco. A erva-doce é parente do anis; e alguns de seus componentes, quando inalados, vão direto para o sistema límbico do cérebro, ou seja, o centro de prazer, e causam uma sensação de bem-estar indescritível.

## ASPARGOS

Hoje se sabe que não é palpite, mas sim fato científico, que a presença de vegetais na alimentação é o melhor remédio contra diversas doenças graves. E entre os vegetais mais importantes para a nutrição humana estão os aspargos. Para os antigos gregos e romanos, o aspargo era chamado de rei dos vegetais, e era usado como remédio para tratar artrite, dor de dente e infertilidade. Veja só o leque de utilidades. Hoje se sabe que é mais do que isso: o aspargo tem um potente antioxidante que auxilia na luta contra o câncer, a catarata e a doença cardíaca. Além disso, aspargos frescos ou em conserva são a alegria e o sabor especial de qualquer salada. E aspargos levemente refogados com molho branco, hein? Bela companhia para um peixe!

## AZEITE DE OLIVA

### Hidratante e tonificante para a pele

O azeite é um ótimo hidratante e tonificante para a pele, e por isso é muito utilizado em artigos cosméticos. É ainda um excelente óleo de massagem e é adicionado aos óleos essenciais na aromaterapia. Resumindo, sempre que possível tente incorporar este alimento de elevado valor nutricional na sua dieta, pois além do sabor único que confere aos alimentos é uma das fontes de lípidos mais saudáveis que se conhecem.

## BANANA

### Um santo remédio para o estômago

Os cientistas estão chegando à conclusão de que a banana é um dos mais poderosos remédios para proteger o estômago contra acidez e úlceras. Os indícios são tão fortes que os médicos indianos estão receitando uma farinha feita de banana da terra verde para o tratamento de úlceras. E o índice comprovado de sucesso é acima de 70%. A banana funciona de forma notável. E não é através da neutralização do ácido gástrico, como se pensava antigamente, mas sim estimulando a proliferação das células e do muco protetor da parede do estômago. Isto é, reforça a barreira entre a parede do estômago e o ácido corrosivo.

## BATATA COM CASCA

Como eu já disse uma vez, batata não engorda. A má fama vem da forma de preparo: frita, ou com manteiga, ou com molhos gordurosos. Quando assada ou cozida em água, a batata é surpreendentemente nutritiva e tem poucas calorias. Uma vez descascadas, as batatas cruas perderão a cor quando expostas ao oxigênio. Colocá-las em água com vinagre ou suco de limão ajuda, mas o ideal é conservar a casca, porque a maioria dos nutrientes fica ali. Por isso é preferível assar ou cozinhar as batatas com casca, para preservar o máximo de nutrientes. Na verdade, o melhor, mesmo, é comer a batata com casca! É isso aí: com casca. Consumida assim, é uma rica fonte de carboidratos complexos e fibras. É, ainda, boa fonte de vitaminas C e B6, amido, potássio e outros nutrientes.

## BRÓCOLIS BEM LAVADO

Antes de cozinhá-los, deixe-os de molho, por alguns minutos, em água com um pouco de vinagre, para soltar as impurezas e os bichinhos que costumam se concentrar na verdura.

## CALDO DE PEIXE

Com pouca gordura e muita proteína, o peixe é um astro da cozinha saudável. Além disso, presta-se a métodos de cozimento de baixas calorias: pode ser assado, escaldado, cozido no vapor ou grelhado na churrasqueira. Em qualquer preparação, para fazer os molhos que acompanham o peixe é preciso um caldo de peixe. Além dos molhos, também em sopas e ensopados o caldo de peixe é ingrediente indispensável. E como é fácil de fazer! Use cabeças, espinhas e caudas, fervendo numa panela, com água, cebola fatiada, vinho ou suco de limão, salsinha e pimenta. Vinte minutos de fervura, não mais – senão fica amargo. Deixe esfriar e passe o caldo no coador. Fica uma beleza!

## CARNE VERMELHA

Quando defendi, mais de uma vez, o consumo da carne vermelha como benéfico para saúde, fui criticado por muitas pessoas. Agora fico contente em ver as declarações do Doutor Dráuzio Varela, médico que é o maior divulgador da saúde no País. Diz o Dr. Dráuzio Varela: "Acho que esse mito contra a carne vermelha vai cair nos próximos anos. Essa coisa de que quem come carne vermelha vai morrer do coração não está provada. Se fosse assim, a incidência de enfartes e acidentes vasculares cerebrais no Rio Grande do Sul seria um absurdo, pois é o Estado que mais consome carne no País. E não é o que acontece. Um dos efeitos negativos dessa política médica de dizer 'não comam carne' é engordar a população, porque as pessoas vão comer pão, macarrão, doce..." Portanto, podemos continuar a enfrentar os bifes do dia-a-dia e o churrasco de domingo com o alvará do Dráuzio Varela.

## CEBOLA
**O "espantoso" poder da cebola no combate aos efeitos da gordura no sangue**

A recomendação médica sobre a necessidade de diminuir a gordura na comida torna-se acadêmica porque a gordura está em toda parte, em qualquer bar, lancheria, restaurante ou refeitório, a gordura está lá, muitas vezes em grande quantidade, no prato de quem come fora. Uma boa defesa contra isso é a cebola. Ao ingerir alimentos gordurosos, acrescente algumas cebolas, cruas ou cozidas. A cebola tem compostos que são poderosos bloqueadores do acúmulo de plaquetas e agilizam a atividade de dissolução de coágulos. Cientistas americanos consideraram, numa pesquisa recente, "espantoso" o poder da cebola no combate aos efeitos da gordura no sangue. Aí se vê a sabedoria da comida gaúcha: no churrasco, acompanhando a costela gorda, sempre vem a tradicional salada de tomate e cebola.

## CENOURA

Certos alimentos são mágicos, pelos benefícios que trazem à saúde humana. Os vegetais ricos em betacaroteno estão entre eles. O betacaroteno é um pigmento de cor de laranja isolado na cenoura há mais de um século, e tem comprovado poder contra o câncer. Em pesquisas de laboratório o betacaroteno destruiu substâncias cancerígenas. A cenoura é a rainha do betacarotena. Uma pesquisa da Universidade Johns Hopkins garante: o consumo diário de uma cenoura pode evitar até 20 mil mortes por ano. Batata-doce, espinafre e outras folhas também têm betacaroteno, mas a cenoura é mais rica e pode ser consumida crua ou cozida. Além das virtudes anti-câncer, no verão, muito sol na praia, a cenoura, por causa do bendito betacaroteno, acelera o bronzeado da pele.

## CHOCOLATE

**Dá prazer e faz bem à saúde**

No inverno, é inevitável a tendência a buscar alimentos fortes, consistentes. O chocolate é um deles, em qualquer de suas apresentações, seja em barra ou na xícara bem quentinho. As qualidades do chocolate hoje são reconhecidas. Dá energia e disposição e contém substâncias que fazem bem ao coração, prevenindo doenças. Além disso, novas pesquisas garantem que chocolate não dá espinhas em adolescentes, como se dizia antigamente. Falava-se até que havia os chocólatras, dependentes do chocolate. Mas até mesmo essa acusação de que chocolate vicia caiu por terra. Se fosse vício, seria um vício excelente, saboroso e que faz bem à saúde. A última acusação que permanece de pé: chocolate engorda. Mas vocês sabem: o que não mata, engorda. Mas o chocolate tem outras qualidades que fazem dele um alimento valioso para a nossa saúde. Líquido ou em barra, ele tem o poder de estimular o sistema nervoso central e a musculatura. Além disso, o chocolate tem antioxidantes e fenóis, quer dizer: faz bem ao coração. E mais: estimula a produção de serotonina, substância cerebral que dá sensação de calma e prazer.

## COMER SOZINHO

O hábito moderno de comer sozinho, em horários desordenados, começa a ser condenado pelos médicos e cientistas. As refeições feitas em horários certos fazem parte dos rituais mais antigos da humanidade. Os pequenos vínculos que unem as famílias e a estabilidade dos lares são forjados à mesa. Essas conclusões fazem parte de um estudo publicado em Londres. O estudo aponta os perigos para a civilização e para a saúde das refeições solitárias, feitas às pressas na rua ou no trabalho. Além dos problemas psicológicos, sociais e familiares, o estudo afirma que as pessoas que comem sozinhas tendem a comer muito mais. Portanto, comer sozinho, além de tudo, engorda.

## EMPANADOS MAIS SAUDÁVEIS

Para quem não gosta de frituras ou tem problemas de colesterol, duas sugestões: a primeira é fazer o à milanesa no forno, e a segunda é, em vez de passar os bifes no ovo inteiro batido, usar apenas a clara. Não tem mistério: passe o bife, ou frango, ou posta de peixe previamente no leite e na farinha de trigo e depois na clara do ovo batido e na farinha de rosca. E a seguir leve o empanado ao forno preaquecido, na temperatura máxima. Vai ficar sequinho e crocante. Na linha saúde, você também pode fazer empanados de forno com brócolis, couve-flor, pimentão. Dê uma afervedada antes e depois passe esses vegetais numa massa feita de farinha de trigo, clara de ovo e cerveja. Passe um a um os legumes nessa massa e leve-os ao forno bem quente.

## ERVILHA

**A saborosa e nutritiva ervilha, desde a Bíblia até a nossa mesa.**

As ervilhas têm alto teor de proteínas e são uma boa fonte de vitaminas A e C e potássio. Meia xícara de ervilhas verdes tem 60 calorias. Quanto mais novas, mais doces e macias elas serão. Uma vez colhidas, devem ser imediatamente consumidas ou refrigeradas, porque seu açúcar se transforma rapidamente em amido. Quando enlatadas, as ervilhas têm menos cor e menos nutrientes (porque recebem sal e açúcar) do que as ervilhas frescas e congeladas. Congeladas, ela conservam as propriedades das ervilhas frescas. A ervilha é mencionada na Bíblia, e ervilhas secas foram encontradas em túmulos egípcios. A planta da ervilha forneceu dados para as pesquisas de Mendel, o criador da genética moderna. Mas ela brilha mesmo é na panela, refogada com arroz e cebola.

## ESPINAFRE

Cozinhe em uma panela com tampa, em fogo brando – mas sem água! Com este processo você vai obter todo o valor nutritivo dele.

## ESTRESSE E ANSIEDADE

**Alimentos que ajudam a combater o estresse e a ansiedade**

A alimentação equilibrada e a boa mesa, além de fontes de prazer, são garantias de saúde. Cada vez mais os cientistas encontram provas veementes de que na alimentação há remédios para tudo. Dois males modernos, o estresse e a ansiedade, podem ser combatidos com sucesso através da alimentação adequada. Quando quiser se acalmar, um dos melhores remédios é a ingestão de carboidratos, inclusive carboidratos complexos como batata, massas, feijão e cereais. Para obter um efeito tranqüilizante mais rápido, coma doces naturais – mel ou açúcar. Um dado importante: a regra não vale para adoçantes artificiais como aspartame e sacarina, que não tranqüilizam o cérebro.

## FEIJÃO, UM PRATO RICO

Numa palestra na Feira do Livro de Porto Alegre, pensei que as pessoas iam me perguntar sobre as novidades da cozinha francesa, mas, veja só, a grande estrela da conversa foi o feijão. As pessoas queriam saber tudo sobre o feijão, inclusive quanto ao preconceito de ser considerado comida de pobre. Comida de pobre? Poucos alimentos são mais ricos do que o feijão, que tem proteínas, carboidratos, fibras e vitaminas. Mesmo sem a tradicional lingüicinha é um alimento quase completo. Com a lingüicinha, vira quase um banquete. Segundo os nutricionistas, um prato com feijão, arroz, bife e salada é uma refeição rigorosamente balanceada e tecnicamente perfeita.

## GENGIBRE, O VIAGRA NATURAL

Se o caso for para Viagra, tente antes um fantástico estimulante sexual, aí vai a dica: 20g de gengibre em um só pedaço, um punhado de salsinha, 3 fatias de abacaxi com a casca bem lavada. Passe tudo em uma centrífuga para extrair o suco e boa sorte! O gengibre é considerado desde a Antiguidade um poderoso tônico, e a medicina árabe já o utilizava no passado.

## LEITE

Para crianças e adolescentes, nem se fale da importância do consumo do leite. Em Portugal, há uma campanha nacional para aquelas pessoas de mais idade, aqueles que são jovens há mais tempo, como diz o Doutor Brizola, consumirem no mínimo dois copos de leite por dia, porque o leite tem muito cálcio e ajuda os ossos.

## MAMÃO

**Faz bem à saúde e as sementes servem como pimenta**

O mamão é uma fruta preciosa. Como a maior parte das frutas alaranjadas, contém muita vitamina C e betacaroteno. O mamão é conhecido como um alimento que facilita as funções intestinais. O suco da fruta é saboroso e muito saudável, principalmente se for feito batido com laranja. As sementes do mamão, geralmente jogadas fora, podem ser desidratadas e usadas como pimenta, dando um sabor especial à comida.

## MIÚDOS NA ALIMENTAÇÃO

**Baratos, saudáveis, saborosos**

Miúdos, de ave ou de gado, são sempre ingredientes polêmicos na alimentação. Ou as pessoas odeiam ou amam. Se soubessem, deveriam amar. Os miúdos em geral têm propriedades nutritivas excepcionais e custam pouco. Bifes de fígado, por exemplo, são ricos em vitamina E. Consumir miúdos ao menos uma vez por semana ajuda a saúde e o bolso.

## PANELAS ANTIADERENTES

Para as pessoas com problemas de colesterol e restrições alimentares de gordura, é inestimável o valor das panelas com antiaderente. Elas permitem cozinhar muito bem simplesmente eliminando a gordura. Para fritar um bife ou fazer um refogado, você não precisa de óleo, nem manteiga, nem banha. Por certo que elimina um pouco o sabor, mas também elimina o risco e prolonga a vida.

## PEIXE

### Comer faz bem, mas alguns cuidados são indispensáveis

O peixe é a nova estrela da alimentação saudável. Entretanto, num mundo onde o mar e os rios estão cada vez mais poluídos, é preciso algum cuidado. Prefira sempre os peixes de água salgada aos de água doce, que têm mais chance de estarem poluídos. Prefira peixes menores aos maiores. Peixes pequenos ficaram menos tempo expostos aos poluentes. Não coma a pele do peixe, principal depósito de produtos químicos tóxicos. Por uma questão de segurança, opte por peixes criados em cativeiro, como bagre e salmão, cuja possibilidade de contaminação é menor. Outra coisa: você não precisa comer peixe como um esquimó, três vezes por dia. Duas a três vezes por semana é o suficiente para completar uma dieta saudável.

## PERAS

Da importância de incluir frutas na dieta alimentar todo mundo sabe. Laranja, banana, maçã, pêra... Procure no mercado ou na feira, que sempre tem alguma coisa boa ao alcance do seu bolso. Quando começam a chegar os dias mais frios e, com eles, as gripes e os resfriados, a gente lembra da pêra, uma fruta saborosíssima e que é muito rica em vitamina C. Chamada de "fruta-manteiga" por muitos europeus, em alusão à textura macia, a pêra é ideal no lanche, na sobremesa ou até mesmo como acompanhamento. E a pêra é de fato uma fruta fantástica. Uma pêra de tamanho médio possui menos de 100 calorias, veja só. Mas, atenção! Não descasque as peras! Apenas tenha o cuidado de lavá-las bem, em água corrente. Elas devem ser consumidas com a casca porque é justamente ali que está concentrada a maior parte da vitamina C.

## PIMENTÕES

Os pimentões são parentes da pimenta-malagueta. Ambos são nativos do Ocidente e foram batizados pelos exploradores espanhóis, que os confundiram com a pimenta em grão, que não tem parentesco algum com eles. Os pimentões variam de cor, durante o processo de amadurecimento, indo do verde ao amarelo e vermelho. Os que são colhidos ainda verdes não ficam vermelhos, pois amadurecem somente no pé. Como os pimentões ficam mais doces com a maturação, os vermelhos são mais doces que os amarelos e os verdes.

**Tem baixas calorias e é muito saudável**

Uma porção de meia xícara de pimentão contém apenas 12 calorias, mas o conteúdo de vitaminas varia de acordo com a cor. Comparando em pesos iguais, os pimentões fornecem mais vitamina C que as frutas cítricas. A maneira de preparar os pimentões não reduz de forma significativa seu valor nutricional.

## QUEIJOS MAGROS

Use queijos menos calóricos, como os queijos brancos, o queijo-de-minas, a ricota ou cream cheese light. Eles têm sabor suave, mas você pode temperá-los com ervas, que ficam uma delícia. Além disso, podem dar um toque especial de cor e sabor a uma salada de folhas verdes.

## SAL

**Diminuindo o seu uso**

É importante lembrar que, séculos atrás, não se usava sal na alimentação. O sal começou a ganhar popularidade usado como conservante, numa época em que não existia geladeira para conservar os alimentos. É o princípio da conservação do charque. Depois, alguém se deu conta de que aquele conservante também dava um gosto muito esperto. Pois o sal é justamente o problema mais fácil de resolver para quem tem restrições alimentares. A dica é ir retirando-o lentamente da comida. Limão e pimenta são ótimos substitutos, no início. Ajudam a esquecer o sabor do sal. As ervas aromáticas também. E basta ir diminuindo o uso devagarinho que, em pouco tempo, a pessoa se acostuma com a maior facilidade e vai descobrindo outros sabores na alimentação. Com o tempo, o sal vai se tornando quase intolerável na comida.

**Por que o sal faz mal para quem tem pressão alta?**

A elevada ingestão de cloreto de sódio (sal de cozinha) faz o organismo reter mais líquidos e aumentar de volume, podendo levar ao aumento da pressão sangüínea e causar a hipertensão, responsável por infarto e acidente vascular cerebral. O consumo excessivo de sal pode também afetar os rins.

**Como evitar o consumo de sal**

✓ Não acrescente mais sal aos alimentos já prontos.

✓ Nunca tenha um saleiro à mesa.

✓ Evite conservas e enlatados como picles, azeitona, aspargo, patês e palmito.

✓ Prefira alimentos frescos em vez dos processados.

✓ Evite o aditivo glutamato monossódico utilizado em alguns condimentos e nas sopas pré-preparadas.

✓ Dê preferência ao queijo branco ou ricota sem sal a outros tipos de queijo.

✓ Evite salgadinhos para aperitivo com adição de sal, como batata frita, amendoim e tantos outros.

✓ Evite embutidos (lingüiça, salsicha, mortadela, presunto, salame).

✓ Substitutos do sal ou sal diet podem ser úteis para algumas pessoas, mas só devem ser consumidos sob orientação médica ou de nutricionistas.

## TOMATES

Por ser muito atacado por pragas, o tomate recebe muito agrotóxico. Tomates orgânicos são uma boa opção. Consumidos crus ou cozidos, eles contêm poucas calorias e são boa fonte de vitaminas A e C, fosfato e potássio. Um tomate cru de tamanho médio contém somente 25 calorias, com mais ou menos 20mg de vitamina C, que geralmente está concentrada na substância gelatinosa que reveste as sementes. Em média, meia xícara de molho de tomate industrializado contém 85 calorias, que podem aumentar com a adição de óleo. Meia xícara de tomate em lata contém aproximadamente 25 calorias. O extrato de tomate é uma fonte concentrada de nutrientes – uma lata possui cerca de 80 calorias. O suco de tomates industrializado, assim como os tomates frescos, é uma boa fonte de vitamina A. Parte da vitamina C se perde no processamento, mas algumas marcas são enriquecidas para aumentar o conteúdo de vitamina C.

**Importante:** Os tomates contêm licopeno, um antioxidante que protege contra alguns tipos de câncer. Comer tomates regularmente diminui o risco de câncer da próstata nos homens, segundo pesquisadores da Universidade de Harvard. Mas, tanto crus quanto cozidos, podem causar azia e má digestão, e são uma causa comum de alergias.

## TPM

Todos os meses, 80% das mulheres do mundo sofrem de irritação e ansiedade, com a tensão pré-menstrual, ou TPM. A boa notícia é que uma dieta apropriada pode amenizar os sintomas desagradáveis. Peixes, alimentos integrais, soja e seus derivados, chocolate, brócolis, espinafre, azeite de oliva e ovos são alguns dos alimentos que, pelas suas propriedades, ajudam as mulheres nesses momentos difíceis. Então, fica o lembrete aos maridos e namorados. Quando a parceira começar a ficar nervosa e se queixando de mal-estar, a solução pode ser mudar o cardápio: um peixe no forno, com espinafre, regado com azeite de oliva, à luz de velas, é claro, com um bom vinho, pode ser uma boa receita – receita culinária e receita médica.

## VINAGRE

Os ingredientes básicos do vinagre são a maçã e o vinho, e ele é um aromatizante de baixo teor de sódio e calorias. É uma boa base para molhos de saladas e pode ser utilizado para conservar outros alimentos. Mas pode desencadear reação alérgica em pessoas sensíveis a fermentos. Os adeptos da medicina natural recomendam certos vinagres para o tratamento de artrite, indigestão e outras enfermidades.

# PEQUENOS TRUQUES

## ABACATES

### Na hora de comprar

Na compra, dê preferência aos grandes, pesados,

firmes, com o caroço preso e sem manchas na casca. Para saber se estão maduros, basta fazer uma ligeira pressão: os de casca fina cedem logo, os de casca mais grossa são um pouco mais resistentes. O abacate deve ser guardado em lugar fresco e arejado. Se estiver verde, não o guarde na geladeira, pois o frio impede o amadurecimento. Por ser muito sensível e amassar com facilidade, o abacate maduro não deve ser empilhado na fruteira, para não prejudicar a qualidade. Antes de consumi-lo, lave e enxugue bem. Em contato com o ar, a polpa fica escura, assim, depois de cortado deve ser consumido o mais rápido possível.

**Para retardar o escurecimento da polpa**

Passe um pouco de limão na superfície da fruta. Há quem diga que uma fina camada de manteiga, suco de laranja, abacaxi ou vinagre, quando passada na polpa, também retarda o escurecimento.

✓ Para que o creme de abacate não escureça, depois de pronto coloque-o num prato fundo e ponha o caroço da fruta, sem lavar, bem no meio do prato e guarde na geladeira até o momento de servir. Para pratos salgados, só use abacates bem maduros. Caso contrário, ficarão muito amargos, dando sabor desagradável.

✓ Preferencialmente, o abacate deve ser servido cru, pois torna-se amargo quando cozido.

✓ Quando for usar só uma metade do abacate, deixe a outra metade com o caroço. Isso evita que se deteriore com rapidez.

✓ Para conservar abacate maduro, envolva-o com um pano úmido e coloque na geladeira. Quando o pano secar, volte a umedecer.

## ALHO

**Como deixar o seu sabor mais suave**

✓ Basta descascar o dente de alho, cortá-lo ao meio no sentido do comprimento e retirar o miolo (ou gérmen).

✓ Quando for utilizar alho em refogados, não deixe que eles dourem demais. É indigesto e pode amargar sua receita.

## ARROZ

Na cozinha, a coisa mais simples do mundo é fazer arroz. E a coisa mais difícil do mundo é fazer um arroz perfeito. Às vezes fica seco demais, às vezes fica grudento. Existem alguns pequenos truques que podem ajudar.

**A panela ideal**

Use uma panela grande, com a proporção de duas xícaras de água para uma xícara de arroz cru. Experimente deixar o arroz cru por meia hora na água fria: vai cozinhar mais rápido.

**Temperatura**

Cozinhe sempre em fogo baixo, com a panela tampada. Depois deixe descansar por dez minutos.

**No microondas**

Não tem erro: são nove minutos na potência alta.

**Arroz empapado**

Para soltar o arroz empapado, enxágüe-o em água fervente e escorra como se fosse macarrão.

**Óleo demais**

Se colocou muito óleo para refogar o arroz, adicione água, cubra tudo com algumas folhas de alface, deixe cozinhar e o excesso será absorvido.

**Para deixar o arroz soltinho**

Para que o arroz fique bem soltinho, adicione uma colher (chá) de caldo de limão.

## BACON FATIADO

Fure as fatias de bacon com garfo, assim elas não encolherão muito.

## BATATAS

**Como escolher**

Ao comprar batatas, escolha as firmes, de tamanho uniforme e não-danificadas. Evite as brotadas ou com manchas verdes, pois se consumidas cruas ou pouco cozidas essas partes verdes podem ser de difícil digestão.

## BIFES

### Mais macios e mais suculentos

Vivemos num Estado carnívoro. A carne vermelha é a preferência estadual. E quem cozinha . Nem todos podem comer filé mignon todos os dias. Para amaciar o bife, um truque importante é besuntá-lo com óleo. A forma de fritar os bifes também é decisiva. Não fique virando e mexendo na carne a toda hora. Deixe que doure calmamente de um lado e depois do outro. Não fure os bifes com o garfo enquanto fritam e também não aperte a carne contra a frigideira para apressar a fritura. Isso só irá deixá-la mais dura. São providências simples, mas eficazes, que deixam o seu bife mais macio e mais suculento.

## BOLO

### Dicas para o seu bolo dar certo

Uma das maiores vitórias de um cozinheiro estreante é fazer um bolo, um bolo desses dos mais simples. Parece uma mágica: lembro do meu primeiro bolo, ainda adolescente. Com o tempo, fui aprendendo alguns cuidados fundamentais, que ninguém conta pra gente. Por exemplo: nunca use ovos gelados, deixe-os por alguns minutos em água morna; unte bem a fôrma; quando acrescentar frutas a um bolo, passe-as antes em farinha de trigo – fazendo isso, as frutas vão se distribuir uniformemente e não ficarão somente no fundo. Asse o bolo imediatamente após bater a massa; se demorar, o bolo ficará pesado e massudo. Não desenforme o bolo logo que retirar do forno, pois ele contém muito vapor em seu interior – espere uns dez minutos e ele sairá por inteiro, lindo, uma obra de profissional. O pão-de-ló precisa descansar por 5 minutos; já o tempo para os bolos mais consistentes é de 30 minutos. O local ideal para o bolo descansar deve ser fresco, para que o fundo não resseque e para que o bolo não continue cozinhando em seu próprio vapor. Se o bolo assar muito ou ficar ressecado, vire-o para baixo, retire as bordas mais duras, regue-o com rum ou conhaque misturado com sucos de frutas ou leite morno. Embrulhe-o com filme plástico e deixe descansar durante 2 horas.

## CALDO DE GALINHA VELHA

Galinha velha dá bom caldo, diz um ditado antigo. E é uma grande verdade. Mas tem que cozinhar horas e horas numa panela com bastante água. Um truque, que o pessoal da serra conhece bem, é cozinhar junto com a galinha um bom pedaço de tatu, que é como chamamos aqui o lagarto. A mistura dos sucos da carne da galinha com a carne bovina resulta num caldo espetacular. Com esse caldo dá para fazer uma boa sopa, ou um inesquecível arroz com galinha, usando também os pedaços da galinha desfiados devidamente refogados e temperados. O tatu que cozinhou junto corta-se em finíssimas fatias temperadas com azeite e vinagre, para guarnecer a salada de entrada.

## CALDO DE GALO VELHO

Como diz o antigo ditado, galinha velha dá bom caldo. E galo velho? Tenho um amigo que jura que é o melhor caldo que existe. Seja galo velho ou galinha velha, o segredo é cozinhar horas e horas numa panela com bastante água. O ideal é usar uma panela de pressão, mas cuidado!, tem que estar em bom estado e bem fechada. Há uma prática dos nossos avós que funciona: dar cachaça para a galinha ou o galo velho antes do abate, para amolecer a carne. Se a ave for abstêmia ou se recusar esse último drinque, misture um copinho de cachaça no molho, que tem o mesmo efeito. No cozimento, uma medida muito importante é colocar o sal só bem no final do cozimento, porque o sal, se entrar no início da fervura, destrói a maioria das proteínas.

## CAMARÃO CONGELADO

Se for congelar o camarão, deixe sempre com casca, para que não resseque, perdendo o gosto. Na hora de descongelar, não jogue fora as cascas, que são preciosas. Ferva-as em água, depois coe o caldo resultante. Com ele você tem a base para um excelente arroz com camarão ou um pirão, e pode acrescentar o camarão bem no final. O camarão deve cozinhar um mínimo para não ficar borrachudo.

## CARAMELO

**Como não grudar na panela?**

Para que o caramelo não grude na panela, dificultando a lavagem, utilize a seguinte dica: embeba um guardanapo de papel com um pouco de óleo e unte a panela em que for preparar o caramelo. Depois, é só colocar o açúcar, um pouco de água e levar ao fogo para caramelizar.

## CARNES MAIS MACIAS

Carnes em geral são fibras musculares que podem ser mais macias ou rijas, dependendo do corte. Normalmente os cortes traseiros do boi são mais macios, e uma vez respeitado o melhor modo de preparo para o corte, você terá como resultado carnes bem macias. Para bifes, o ideal são os cortes de filé mignon, contrafilé e alcatra. A picanha também rende ótimos bifes. Carnes como músculo, lagarto, coxão mole e coxão duro requerem cozimentos longos para romper o colágeno que liga as fibras da carne. O ideal para estes cortes são os ensopados e assados. Mas se mesmo assim não funcionar, outra forma de amaciar carnes é acrescentar cerveja branca ao tempero. O suco de abacaxi e o de mamão também são eficientes.

## CHEIROS E GORDURA NA COZINHA
**Como se livrar deles**

✓ Para eliminar o cheiro de peixe das panelas e recipientes, lave-os com água, esfregando com uma esponja embebida em vinagre.

✓ Pedaços de carvão colocados dentro da geladeira eliminam os cheiros desagradáveis.

✓ Para dar um aroma agradável ao vinagre, coloque umas folhas de manjericão, sálvia ou alecrim dentro da garrafa e depois tampe bem.

✓ Passe um pouco de gelo nas mãos antes de lidar com peixe, pois isso elimina o odor desagradável.

✓ Se não quiser ficar com cheiro de alho nas mãos, deixe os dentes de alho de molho em água durante dez minutos. As cascas soltam-se sozinhas.

✓ Para tirar o cheiro de alho das mãos, experimente esfregá-las em uma colher de inox, debaixo de água corrente. Utilize a colher como se fosse um sabonete. Confira, porque é garantido!

✓ O cheiro e o gosto de queimado do arroz sairão facilmente se você acrescentar uma cebola de tamanho médio cortada ao meio.

✓ Para que o leite não absorva outros odores da geladeira, guarde-o numa vasilha tampada.

✓ Para tirar com facilidade a gordura de porco das mãos, pegue um pouco de sal e esfregue uma mão na outra.

## CHUCHU

Para não ficar com as mãos pegajosas ao descascar chuchus, parta-os antes no sentido do comprimento e esfregue uma parte à outra, fazendo com que o leite saia pelos lados. Depois, lave bem e descasque.

## CLARAS DE OVO

**Temperatura**

Ao tirar ovos da geladeira para serem batidos, deixe-os antes voltarem à temperatura normal, para não prejudicar o crescimento das claras. Além disso, elas chegam ao ponto correto com mais rapidez.

### O recipiente certo

Não bata claras em recipiente de alumínio, pois elas ficarão escuras, com aspecto muito feio.

### Para crescer mais

Claras em neve crescerão mais se a elas forem acrescentadas 1 pitada de açúcar ou 3 gotas de limão; também 1 pitada de sal, quando elas estiverem quase em neve, fará com que rendam mais.

### Para ficarem firmes

Coloque uma pitada de bicarbonato antes de bater.

## COUVE-FLOR

Esta também tem seus truques. Para que não exale cheiro quando da fervura, coloque na panela uma fatia de pão.

## CREME DE LEITE

### Para retirar o soro

Para retirar o soro do creme de leite, faça furos na parte de baixo da lata.

### Para render mais

Se você misturar o creme de leite com duas claras batidas em neve e uma pitada de sal, ele renderá muito mais.

## DOCES COM ARROZ

Para evitar que o arroz fique duro ao preparar pratos doces, coloque os demais ingredientes apenas depois que o arroz já estiver cozido.

## EMPANADOS

Muitos cozinheiros iniciantes ficam preocupados na hora de empanar, de fazer a popular preparação à milanesa. Mas, não tem mistério. Para empanados perfeitos, bastam alguns cuidados simples. Use ovos batidos, ou leite, e farinha: pode ser farinha de trigo, rosca, aveia ou milho. Na frigideira, óleo bem quente, em quantidade suficiente para cobrir o alimento. Ou, então, leve o empanado ao forno preaquecido, na temperatura máxima. O peixe empanado fica melhor se você passá-lo previamente no leite e na farinha trigo e depois em ovo batido e farinha de rosca ou de milho. Para frango ou bifes, um truque. Coloque farinha de trigo com sal e pimenta num saco plástico, jogue-os dentro e sacuda bem. Em seguida, passe os filés e bifes, um a um, no ovo batido e depois na farinha de rosca. E direto para a frigideira ou para forno. Vão ficar sequinhos e crocantes.

## FARINHA DE ROSCA

Na frigideira ou no forno, mais uma dica para bife, ou hambúrguer, ou frango, ou peixe à milanesa. A idéia é turbinar, digamos assim, o sabor da farinha de rosca. É um segredo simples, mas de extraordinário resultado. Pouco antes de empanar, misture, na farinha de rosca, pimenta-do-reino, sal, orégano e queijo parmesão. Depois, faça o "à milanesa" normalmente. No forno ou na frigideira, com esse pequeno truque, mudam o sabor e a qualidade do seu à milanesa.

## FEIJÃO SALGADO

Para dessalgar, coloque folhas de couve. A couve absorve o sal e confere um excelente sabor.

## FERMENTO

Ao preparar omeletes, suflês e fritadas, adicione uma pitada de fermento para maior rendimento.

## FILÉ PERFEITO, MACIO E SABOROSO

Pequenos cuidados para fazer um bife de filé mignon igual àqueles dos bons restaurantes, macio e saboroso. Tomando a peça inteira do filé mignon, deve-se separar as pontas e deixar somente a parte central para os medalhões. A parte do meio de um filé dá para fazer uns quatro medalhões. A medida do medalhão é de três dedos, pois quando frito vai ficar com dois dedos. Para fritar o medalhão de filé, o ideal é uma panela de inox. Leve a panela ao fogo e deixe esquentar bem. Ponha um dedo de azeite no fundo dela. Quando esquentar, coloque o filé, que deve ficar semi-submerso no óleo. Não se deve mexer. Vire uma vez.

**O ponto do filé**

Para saber o ponto aproximado: MALPASSADO – 2 minutos de cada lado; AO PONTO – 4 minutos de cada lado; BEM PASSADO – 6 minutos de cada lado.

## FÔRMAS

Formas rasas expõem uma área de alimento maior ao calor do que as fundas, portanto o alimento cozinha mais depressa e de modo mais uniforme.

## FORMIGAS NA COZINHA

Para afastá-las da cozinha, espalhe sal, talco ou cascas de pepino nos lugares onde elas aparecem.

## FRANGO SOLTO E SECO

O frango fica mais solto e seco, sem grudar na panela, se você colocar uma colher de amido de milho no óleo bem quente.

# FRITURAS

Frituras hoje são malditas. Não há dieta, não há médico que não as condene. Cá pra nós, não é por acaso que precisa de tantas proibições... É impossível não gostar de um bolinho de chuva, de uma batatinha frita bem crocante ou de um aipim frito. Mas, vamos fazer um acordo. Fritura, só de vez em quando. Então, para essas frituras que você vai fazer só de vez em quando, três dicas importante:

✓ Use bastante óleo ou gordura na panela, para que fiquem bem crocantes;

✓ Só depois de bem aquecida a panela, acrescente a gordura. Isso evitará que os alimentos grudem no fundo;

✓ Terceira dica, para os fãs de pastel. Seus pastéis ficarão ainda mais bonitos se você acrescentar uma batata ou cenoura crua à gordura na hora de fritar, ou um cálice de cachaça na massa.

**Batatas fritas mais crocantes**

Vai aí um bom truque. Aqueça o óleo, em abundância, a cerca de 160 graus (chama média) e frite as batatas por cerca de 5 minutos. Escorra e reserve. Aumente a chama e eleve a temperatura do óleo para 190 graus (bem quente) e termine de fritar as batatas. Escorra em papel absorvente.

## FRUTAS, VERDURAS E LEGUMES

### Como conservá-los

Deixe-os de molho numa tigela com água e sal. Além de lavar, o sal desinfeta naturalmente. Depois seque-os e coloque na gaveta da geladeira, forrada com papel-toalha.

## LEITE

### Para não grudar na leiteira

Antes de ferver leite, enxágüe a leiteira com água fria e não enxugue. Assim, o leite não ficará grudado no alumínio, facilitando a lavagem da vasilha.

### Para não transbordar

Se você colocar um pires virado com a boca para baixo dentro da leiteira, antes de levar ao fogo, o leite não transbordará quando ferver.

## LULA

O preparo das lulas é bastante complexo, porque as lulas devem ser cozidas o mais rapidamente possível. Um erro muito comum é o cozimento excessivo, o que as deixa borrachudas. Uma boa opção é ferver 1 litro de água para cada 100g, aproximadamente, e jogá-la sobre as lulas. Escorra e utilize-as na sua receita favorita.

## MACARRONADA

**Pequenos truques para melhorar o sabor**

Na hora de preparar uma refeição rápida, a boa massa, a macarronada, é sempre uma lembrança. Marca da colonização italiana, o macarrão virou prato popular brasileiro, um prato ainda muito barato e que permite infinitas variações. Na água para cozinhar o macarrão, além do sal e do óleo, experimente colocar um raminho de salsa. A massa vai ficar com um sabor muito especial. Outro toque esperto é misturar pimenta-do-reino ao queijo ralado que você vai usar na massa: realça o sabor de forma surpreendente. E atenção: o queijo ralado deve ser misturado logo depois de escorrer a massa, quando ela ainda está muito quente: assim o queijo se derrete e se agrega aos fios da massa. Só depois, derrame o molho por cima. E, é claro, quem quiser, pode acrescentar mais queijo no prato.

## MASSA CASEIRA

**Para dar um toque de massa caseira ao macarrão de pacote**

Hoje em dia, as pessoas não têm tempo, muitas nem têm mesa na cozinha. O remédio é partir para o macarrão de pacote. Na verdade, é uma boa alternativa, porque há ótimas marcas no mercado. Para dar um toque caseiro à massa de pacote, cozinhe-a em água fervendo, bastante água, com uma colher de sal e duas colheres de azeite na água. Depois de escorrer, ainda no escorredor, misture ao macarrão um punhado de queijo ralado e uma boa colherada de manteiga. Em seguida, arrume numa travessa, derrame o molho por cima – e aguarde os aplausos.

## MASSA PARA TORTAS, PIZZAS E PÃES

**Como torná-la melhor**

Ao preparar massa para tortas, manuseie-a o mínimo possível e com delicadeza, pois se for manuseada demais as gorduras ficarão oleosas e ela ficará com consistência dura. Para ter um pão com superfície crocante, pincele com água salgada a massa já crescida, antes de assá-la. Acrescente à massa de pizza uma batata cozida, pois ela ficará mais leve.

## MICROONDAS

Quem me acompanha sabe que eu não sou muito chegado ao forno de microondas. Mas, não adianta, é uma realidade na vida e no dia-a-dia das pessoas. Portanto, aqui vão algumas dicas úteis. Carnes, aves e peixes cozidos no microondas ficam naturalmente úmidos. Carnes macias, como filé mignon, alcatra e patinho, devem ser cozidas em potência alta, para não ressecarem. Com guisado, use a potência média e calcule oito minutos para meio quilo de guisado. Para cozinhar frango e outras aves no forno de microondas, utilize sacos plásticos especiais para microondas: com isso, você vai acelerar o cozimento. Os peixes devem ser preparados em potência alta. Não deixe cozinhar demais para não ficarem ressecados: em menos de cinco minutos estão prontos. Em qualquer hipótese, sou obrigado a dizer, o que se faz no microondas se faz melhor no fogão.

## MILHO EM ESPIGA

Para que a espiga de milho não endureça, cozinhe o milho em água sem sal.

## MIS EN PLACE

Um dos maiores segredos para o sucesso no preparo de uma receita está na organização e manipulação antecipada dos ingredientes. Confira a lista de ingredientes da receita. Utilize medidores padrão. Por exemplo: quando a receita pede 1 xícara de determinado ingrediente, é a xícara medida, padrão de 225ml. Uma colher de sopa são 15ml, e assim por diante. Coloque na bancada de trabalho os ingredientes para a receita já pesados ou medidos. Faça o mesmo com ingredientes que devem ser picados ou cortados. Daí, é só começar a cozinhar. Confira e veja como é fácil. *Mis en place* é o termo utilizado profissionalmente para indicar a "praça de trabalho", ou seja, tudo o que o cozinheiro necessita que esteja à mão na hora de executar a receita. *Voilà*.

## MOLHO DE TOMATES

### Como tirar a acidez

Para tirar a acidez do molho de tomates, coloque uma pitada de açúcar no final.

## MORANGOS O ANO TODO

Morango não é fruto. Segundo o dicionário Aurélio, é uma infrutescência; os grãos duros que brotam ao lado do morango é que são os verdadeiros frutos do morangueiro. O inverno é a época dos morangos. Eles ficam belíssimos, bem vermelhos e suculentos e mais baratos. Há que se aproveitar para fazer de tudo com os morangos, além de saboreá-los ao natural. Para quem adora morangos e pensa no futuro, é o momento de pensar no que fazer depois do fim da safra. A saída é congelá-los. Os cuidados são os seguintes. Lave-os bem. E preste atenção: em qualquer uso é preciso ter um cuidado: só retire o cabinho depois de lavar o morango, pois o cabinho é uma espécie de tampa natural que impede a água de encharcar o... fruto, ou melhor, a infrutescência! Argh, que palavrão! Vamos falar morango, palavra tão bonita para um alimento tão saboroso. Retire então os talos e enxugue-os levemente em papel absorvente. Depois, passe os morangos no açúcar, retirando o excesso. Aí, é só congelar. E descongelar quando der vontade, mesmo que seja fora da safra!

## NABO

Ao escolher um nabo comprido, prefira os mais pesados. Os mais leves podem estar passados.

## OMELETE

Para a omelete ficar no ponto, nem duro nem mole demais, ponha o sal quando já estiver fritando.

## OVOS

Os ovos que serão usados para preparar os bolos devem ser retirados da geladeira 1 hora antes e deixados em temperatura ambiente. Dessa forma, incorporam mais ar quando batidos e o bolo fica mais leve.

**Ovos quentes na medida certa**

Coloque a água para ferver e, assim que levantar fervura, abaixe o fogo e coloque os ovos. Ferva por exatos 3 minutos e meio. Retire os ovos e certamente estarão no ponto.

## PEIXES

### Qual é o tempo de cozimento?

Aqui uma dica sobre o tempo de cozimento do peixe. O cozimento excessivo é prejudicial. Quando cozinha demais, o peixe fica duro e seco. O peixe cozinha tão facilmente que pode até ser preparado no vapor, método que evita que ele seque. A regra é cozinhar apenas o tempo suficiente para a proteína do peixe perder sua característica translúcida e se tornar opaca, branca. Mais ou menos o que acontece com o cozimento da clara do ovo: quando ela fica branca, está pronta. Para o cozimento de uma posta ou de um filé de peixe de uns dois centímetros de espessura, o tempo médio é de uns dez minutos, no máximo.

### Como preparar e dourar o peixe na chapa

Se você for preparar o peixe na chapa ou na frigideira, uma boa dica é passar o filé ou a posta de peixe, antes, na farinha de trigo. A grande vantagem é que a farinha se estrutura melhor, especialmente em espécies de carne mais macias, como o linguado, por exemplo. Além disso, a farinha de trigo ajuda a dar aquele tom dourado ao peixe, deixando a superfície saborosa e crocante. Ao preparar o peixe na chapa ou na frigideira, não se deve ficar virando várias vezes. O ideal é passar uma vez, com a chapa bem quente, de um lado, até ficar pronto, e depois virando para passar o outro lado. Não serão necessários mais do que quatro ou cinco minutos para preparar na chapa um filé ou posta de peixe de uns 2 centímetros.

## PEPINO

Os pepinos são legumes deliciosos, no entanto, quando misturados em saladas, molhos ou cortados com certa antecedência, soltam muita água – ficam murchos e desagradáveis ao paladar! Uma maneira simples de evitar este problema é desidratar os pepinos cortados, polvilhando-os com sal. Deixe escorrer numa peneira por cerca de 1 hora, pois assim toda a água irá soltar antes de você usá-lo. Sua salada ficará perfeita!

## PICANHA CONGELADA

De repente, você resolve fazer um jantar inesperado. Chega em casa e aquela belíssima picanha está congelada. O que fazer? Retire a picanha diretamente do freezer e, numa fôrma, cubra a picanha congelada, dura como pedra, com sal grosso, levando-a direto para o forno. Uma hora de forno forte, mais ou menos. O sal grosso fica como uma pedra, é preciso quebrá-lo para retirar a picanha, que fica muito macia, com todo o suco e – garantido! – não fica salgada. O sal fica no ponto. Claro que levar uma picanha congelada ao forno é um procedimento de emergência. Mas a cozinha também é feita de emergências. E, nesse caso, o resultado é fantástico.

## PONTO DA CARNE

No fogão ou na churrasqueira, como reconhecer quando a carne está no ponto desejado? Bem, existe uma regra geral que vale tanto para um bife na frigideira quanto para uma carne de panela ou um assado. A gente reconhece a carne malpassada, sangrando, como se diz, quando surgem pequenas gotas do suco da carne na superfície e ela está tenra ao leve toque. A carne está no ponto quando as gotas de suco da carne são mais numerosas. Vale dizer que a carne está começando a perder o suco e a umidade, ficando mais seca, e o toque fica mais firme. E a carne está bem passada quando está bem firme, resistindo ao toque. Na hora de servir, uma dica: espere alguns minutos, deixe-a esfriar levemente. Assim as fibras relaxam um pouco, e a carne fica mais macia.

## PURÊ DE BATATAS FOFINHO

Algumas dicas para fazer esse prato que pode ser, com pequenos toques, um acompanhamento de luxo para carnes, peixes e aves. Ao bater o purê de batatas, ele vai ficar fofo como um suflê se você acrescentar um pouquinho de leite em pó. Ou, então, bem na hora de retirar o purê do fogo, para ir à mesa, misture suavemente uma clara batida em neve. Você também pode preparar o purê na maneira tradicional e, depois de bem homogêneo, batê-lo na batedeira por cerca de 5 minutos para aerar. Ficará leve e delicado.

## QUALIDADE, TEMPEROS E O TOQUE FINAL

Na hora de preparar a comida, a primeira dica é lutar pela qualidade. Trabalhe com ingredientes de primeiríssima qualidade. Isso não tem nada a ver com o preço. Podem ser usadas carnes de cortes menos valorizados, peixes mais baratos, que mesmo assim sejam frescos e suculentos. Em qualquer preparação, os temperos entram para destacar o sabor, e não para confundir. O frango é uma carne com sabor suave, por isso você pode usar temperos à vontade para acentuar seu sabor, como, por exemplo, cheiro-verde, alecrim, tomilho, estragão, curry, páprica doce, gengibre, pimentão verde, alho-poró, suco de limão, de la ranja, abacaxi, maçã verde. Mas não tempere demais uma picanha, por favor.

**O toque final**

Valorize sua comida com alguns toques finais: algumas vezes um ramo de salsa ou de outra verdura fresca transforma um prato comum em um prato de festa.

## QUEIJO

Queijo é um alimento muito completo e saboroso. Mas conservar o queijo é sempre um problema. Aqui vão alguns truques:

✓ Para o queijo que endureceu ficar macio novamente, coloque-o de molho no leite. Depois disso, ele não endurecerá novamente se, a cada vez que usar, você passar manteiga ou margarina na parte cortada.

✓ Além de endurecer, queijo guardado fica rançoso e embolorado. Ele não ficará rançoso nem embolorado se você embrulhá-lo em um pano molhado com vinagre.

✓ Antes de cobrir a pizza, deixe o queijo mozarela imerso em água por uma meia hora: assim vai derreter melhor no forno.

✓ E, por incrível que pareça, para cortar o queijo em fatias, uma faca sem fio corta melhor do que uma faca afiada.

## QUIABO

Para o quiabo não ficar com "baba" é só pingar algumas gotas de limão.

## RABANETES

Rabanetes que já não estão muito frescos ficarão melhores se você colocá-los de molho em água fria, pelo menos meia hora antes de serem utilizados. É uma dica muito importante.

## REPOLHO

Salpique uma colher de suco de limão sobre a água em que estiver cozinhando o repolho, para evitar o cheiro forte. Outra coisa: se você preferir uma salada de repolho cru mais suave, jogue-o rapidamente numa água fervente e escorra.

## SABORES

**Dos cremes doces**

Quando você fizer qualquer creme doce, coloque uma pitada de sal. O gosto fica mais apurado.

**Do peixe**

Para dar um sabor especial ao peixe, deixe-o mergulhado no leite antes de fritar.

**Dos temperos**

Coloque os temperos de sua preferência, com

salsinha, manjericão etc. numa assadeira e deixe secar. Depois, guarde num vidro bem fechado, na geladeira.

## SUFLÊS

### O tamanho do recipiente
Ele deve ser sempre proporcional à quantidade de massa. Se for muito raso e largo, o suflê não crescerá corretamente. O ideal é utilizar os ramequins apropriados, depois untar bem e enfarinhar com farinha de rosca.

### O ponto das claras
Se as claras forem batidas em excesso, perderão a capacidade de se expandir e, conseqüentemente, o suflê não crescerá adequadamente. O ideal é que mantenham o brilho quando batidas. Se ficarem opacas, é porque passaram do ponto.

### A temperatura do forno
Isso também é um ponto crítico. Quente demais, o suflê queimará na superfície e permanecerá cru por dentro. Se for muito frio, não dará a temperatura necessária para a expansão do ar, que é o que garante leveza à receita.

### O creme da base
Ele não deverá estar muito quente quando as claras forem adicionadas.

## TOMATES

### Acelerando o amadurecimento

Se você comprou tomates verdes e quer que eles amadureçam depressa, envolva-os em uma folha de jornal e guarde-os fora da geladeira até que fiquem bons.

### Como tirar a pele

Para tirar a pele do tomate com facilidade, espete-o em um garfo e passe na chama do fogão.

### O melhor tomate para molho

Os melhores tomates para molho são os pequenos de forma alongada (do tipo italiano), no pico da maturação. Cuidado com os tomates de supermercado, que são colhidos muito antes de estarem maduros! O tomate está maduro quando a cor é vermelha profunda, a carne firme e a pele lisa e brilhante, sem rachaduras ou rugas (daí a dificuldade de transporte e comércio desse item). Como são muito regados antes da colheita para ganhar peso, é importante cozinhar por mais tempo para eliminar o excesso de água. Mas não muito, para não perder o sabor natural do molho.

### Como conservá-los por mais tempo

Os tomates maduros devem ser armazenados em temperatura ambiente, pois em temperaturas abaixo de 10°C a pele se desmancha. Os tomates verdes deixados no pé até o final da estação podem ser colhidos e cozidos, congelados ou transformados em picles.

## VEGETAIS COZIDOS COM BOA APARÊNCIA

Quer os vegetais sempre com boa aparência? Se forem verdes, destampe a panela durante o cozimento. Se forem brancos ou amarelos, deixe a panela tampada.

# Índice de receitas

Alcatra ao tomate com ervas ..................................... 18
Almôndega porco-espinho ........................................ 19
Anjos de Natal ............................................................ 11
Arroz com galinha ...................................................... 65
Arroz de china emergente .......................................... 66
Arroz de costela ......................................................... 67
Assado de carne moída .............................................. 20
Banana ao forno ......................................................... 89
Bifinhos à portuguesa ................................................ 21
Boi ralado no forno .................................................... 22
Bolo de goiaba ........................................................... 79
Bolo de iogurte .......................................................... 80
Bolo de peixe ............................................................. 70
Bolo judaico ............................................................... 81
Bolo quente de maçã ................................................. 82
Bolo salgado .............................................................. 64
Broas de mel .............................................................. 83
Canudos gratinados ................................................... 46
Cappelletti ao cubo .................................................... 12
Carne assada em cama de cebola e alho ................... 23
Carne de panela com batatas ..................................... 24
Carne dos 30 alhos .................................................... 25
Cebolas recheadas ..................................................... 47
Charque farroupilha ................................................... 26
Chocolate turbinado .................................................. 48
Cola gaita ................................................................... 27
Colchão alemão ......................................................... 28
Costela com mel ........................................................ 30
Cuca de galinha ......................................................... 39
Cuca de uva ............................................................... 84

| | |
|---|---|
| Espaguete do papai | 13 |
| Estrogonofe de bombom | 90 |
| Estrogonofe de queijo | 48 |
| Farofa saborosa | 49 |
| Feijoada trifácil | 50 |
| Fraldinha no forno | 31 |
| Frango com passas de uvas | 41 |
| Frango dos deuses | 41 |
| Fritada de legumes com vodca | 52 |
| Galinha de ouro | 42 |
| Galinha escabelada | 43 |
| Lentilha incrementada | 53 |
| Lombinho coroado | 32 |
| Lombinho no espeto com queijo derretido | 33 |
| Lombo na cerveja | 34 |
| Macarrão de forno | 14 |
| Macarronada da mamãe | 15 |
| Maminha na panela | 35 |
| Massa caseira da vovó | 16 |
| Minissonho | 91 |
| Mocotó do Rodolfo fácil e light | 54 |
| Musse de chocolate diet | 92 |
| Musse de maracujá diet | 93 |
| Omelete de pão frito | 55 |
| "Paeja" rio-grandense II | 68 |
| Panqueca de arroz | 69 |
| Panqueca de pão sírio ou árabe | 55 |
| Panquecas de batata e cebola | 56 |
| Pão de aipim | 85 |
| Pão de banana | 86 |
| Pão de queijo | 87 |
| Pão recheado | 88 |
| Pão-de-ló de morango | 93 |
| Pavê preto e branco | 94 |

| | |
|---|---|
| Pecado mortal light | 95 |
| Peixe escabelado | 71 |
| Peixe no envelope | 72 |
| Picadinho de forno | 35 |
| Picadinho variado | 36 |
| Pimentão recheado | 61 |
| Pizza a jato | 57 |
| Pizza de espaguete | 17 |
| Pizza gaúcha | 58 |
| Pizza hambúrguer | 59 |
| Pudim de atum | 73 |
| Pudim de laranja ao forno | 96 |
| Pudim quatro sabores | 97 |
| Quindim rápido | 98 |
| Receitinha rápida portuguesa | 23 |
| Sagu de abacaxi | 99 |
| Salsão com atum ao molho de ervas | 45 |
| Sanduíche de coco | 99 |
| Sanduíche de salame italiano com figo | 62 |
| Sobras nobres de peru | 44 |
| Sopa de ervilhas | 74 |
| Sopa de feijão | 75 |
| Sopa de forno | 76 |
| Sopão do amor | 77 |
| Supertorta de limão | 100 |
| Surpresa gelada light | 101 |
| Torta de maçã e nata perfumada | 102 |
| Torta de sorvete a jato | 104 |
| Torta musse | 104 |
| Trigada | 63 |
| Vaca atolada | 37 |
| Vazio recheado | 38 |
| Waffle light | 106 |

# Índice de curiosidades, dicas e truques

(por assunto)

| | |
|---|---|
| Abacate | 109, 124, 144 |
| Açafrão | 110 |
| Alecrim | 111, 125 |
| Alface | 117, 125 |
| Alho | 146 |
| Ansiedade | 125 |
| Arroz | 146 |
| Aspargos | 126 |
| Azeite de oliva | 127 |
| Bacon fatiado | 147 |
| Banana | 127, 128, 147 |
| Bifes | 148 |
| Bolo | 148 |
| Brócolis bem lavado | 128 |
| Caldo de galinha velha | 149 |
| Caldo de galo velho | 150 |
| Caldo de peixe | 128 |
| Camarão congelado | 151 |
| Caramelo | 151 |
| Carnes | 111, 112, 117, 129, 151 |
| Cebola | 130 |
| Cenoura | 131 |
| Chantilly, criação de um doido genial | 113 |
| Cheiros e gordura na cozinha | 152 |
| Chocolate | 131 |
| Chuchu | 153 |
| Claras de ovo | 153 |

| | |
|---|---:|
| Comer sozinho | 132 |
| Cor | 114 |
| Couve-flor | 154 |
| Creme de leite | 154 |
| Doces com arroz | 155 |
| Empanados | 133, 155 |
| Ervilha | 134 |
| Espinafre | 134 |
| Estresse e ansiedade | 135 |
| Extrato de tomates | 118 |
| Farinha de rosca | 156 |
| Feijão salgado | 156 |
| Feijão, um prato rico | 135 |
| Fermento | 156 |
| Filé perfeito, macio e saboroso | 156 |
| Fôrmas | 157 |
| Formigas na cozinha | 157 |
| Frango solto e seco | 157 |
| Frituras | 158 |
| Frutas, verduras e legumes | 159 |
| Gengibre, o viagra natural | 136 |
| Legumes | 118 |
| Leite | 119, 136, 159 |
| Lula | 159 |
| Macarronada | 160 |
| Mamão | 137 |
| Manjericão | 114 |
| Massa caseira | 160 |
| Massa para tortas, pizzas e pães | 161 |
| Microondas | 161 |
| Milho em espiga | 162 |
| *Mis en place* | 162 |
| Miúdos na alimentação | 137 |

| | |
|---|---|
| Molho de tomates | 163 |
| Morangos | 163 |
| Musses | 115 |
| Nabo | 164 |
| Omelete | 164 |
| Ossos | 119 |
| Ovos | 120, 164 |
| Panelas antiaderentes | 137 |
| Peixe | 138, 165 |
| Pepino | 166 |
| Peras | 139 |
| Picanha congelada | 166 |
| Pimentões | 139 |
| Ponto da carne | 167 |
| Purê de batatas fofinho | 168 |
| Qualidade, temperos e o toque final | 168 |
| Queijo | 140, 169 |
| Quiabo | 170 |
| Rabanetes | 170 |
| Repolho | 170 |
| Resíduos de peru ou de frango que ficam na assadeira | 120 |
| Sabores | 170 |
| Sal | 140 |
| Sanduíche | 116 |
| Saúde no cardápio | 121 |
| Soja | 122 |
| Suflês | 171 |
| Tomate | 142, 172 |
| TPM | 143 |
| Uva | 122 |
| Vegetais cozidos com boa aparência | 173 |
| Vinagre | 144 |
| Vinho | 123 |

# Coleção **L&PM** POCKET (Lançamentos mais recentes)

195. Besame Mucho – Mário Prata
196. Tuareg – Alberto Vázquez-Figueroa
197. O longo adeus – Raymond Chandler
199. Notas de um velho safado – C. Bukowski
200. 111 ais – Dalton Trevisan
201. O nariz – Nicolai Gogol
202. O capote – Nicolai Gogol
203. Macbeth – William Shakespeare
204. Heráclito – Donaldo Schüler
205. Você deve desistir, Osvaldo – Cyro Martins
206. Memórias de Garibaldi – A. Dumas
207. A arte da guerra – Sun Tzu
208. Fragmentos – Caio Fernando Abreu
209. Festa no castelo – Moacyr Scliar
210. O grande deflorador – Dalton Trevisan
212. Homem do princípio ao fim – Millôr Fernandes
213. Aline e seus dois namorados – A. Iturrusgarai
214. A juba do leão – Sir Arthur Conan Doyle
215. Assassino metido a esperto – R. Chandler
216. Confissões de um comedor de ópio – T. De Quincey
217. Os sofrimentos do jovem Werther – Goethe
218. Fedra – Racine / Trad. Millôr Fernandes
219. O vampiro de Sussex – Conan Doyle
220. Sonho de uma noite de verão – Shakespeare
221. Dias e noites de amor e de guerra – Galeano
222. O Profeta – Khalil Gibran
223. Flávia, cabeça, tronco e membros – M. Fernandes
224. Guia da ópera – Jeanne Suhamy
225. Macário – Álvares de Azevedo
226. Etiqueta na prática – Celia Ribeiro
227. Manifesto do partido comunista – Marx & Engels
228. Poemas – Millôr Fernandes
229. Um inimigo do povo – Henrik Ibsen
230. O paraíso destruído – Frei B. de las Casas
231. O gato no escuro – Josué Guimarães
232. O mágico de Oz – L. Frank Baum
233. Armas no Cyrano's – Raymond Chandler
234. Max e os felinos – Moacyr Scliar
235. Nos céus de Paris – Alcy Cheuiche
236. Os bandoleiros – Schiller
237. A primeira coisa que eu botei na boca – Deonísio da Silva
238. As aventuras de Simbad, o marújo
239. O retrato de Dorian Gray – Oscar Wilde
240. A carteira de meu tio – J. Manuel de Macedo
241. A luneta mágica – J. Manuel de Macedo
242. A metamorfose – Kafka
243. A flecha de ouro – Joseph Conrad
244. A ilha do tesouro – R. L. Stevenson
245. Marx – Vida & Obra – José A. Giannotti
246. Gênesis
247. Unidos para sempre – Ruth Rendell
248. A arte de amar – Ovídio
249. O sono eterno – Raymond Chandler
250. Novas receitas do Anonymus Gourmet – J.A.P.M.
251. A nova catacumba – Arthur Conan Doyle
252. O dr. Negro – Arthur Conan Doyle
253. Os voluntários – Moacyr Scliar
254. A bela adormecida – Irmãos Grimm
255. O príncipe sapo – Irmãos Grimm
256. Confissões *e* Memórias – H. Heine
257. Viva o Alegrete – Sergio Faraco
258. Vou estar esperando – R. Chandler
259. A senhora Beate e seu filho – Schnitzler
260. O ovo apunhalado – Caio Fernando Abreu
261. O ciclo das águas – Moacyr Scliar
262. Millôr Definitivo – Millôr Fernandes
264. Viagem ao centro da Terra – Júlio Verne
265. A dama do lago – Raymond Chandler
266. Caninos brancos – Jack London
267. O médico e o monstro – R. L. Stevenson
268. A tempestade – William Shakespeare
269. Assassinatos na rua Morgue – E. Allan P
270. 99 corruíras nanicas – Dalton Trevisan
271. Broquéis – Cruz e Sousa
272. Mês de cães danados – Moacyr Scliar
273. Anarquistas – vol. 1 – A idéia – G. Woodcoc
274. Anarquistas – vol. 2 – O movimento – G. Woodcc
275. Pai e filho, filho e pai – Moacyr Scliar
276. As aventuras de Tom Sawyer – Mark Tw
277. Muito barulho por nada – W. Shakespea
278. Elogio da loucura – Erasmo
279. Autobiografia de Alice B. Toklas – G. St
280. O chamado da floresta – J. London
281. Uma agulha para o diabo – Ruth Rendel
282. Verdes vales do fim do mundo – A. Biva
283. Ovelhas negras – Caio Fernando Abreu
284. O fantasma de Canterville – O. Wilde
285. Receitas de Yayá Ribeiro – Celia Ribei
286. A galinha degolada – H. Quiroga
287. O último adeus de Sherlock Holmes – A. C Doyle
288. A. Gourmet *em* Histórias de cama & me J. A. Pinheiro Machado
289. Topless – Martha Medeiros
290. Mais receitas do Anonymus Gourmet – Pinheiro Machado
291. Origens do discurso democrático – D. Sc
292. Humor politicamente incorreto – Nan
293. O teatro do bem e do mal – E. Galean
294. Garibaldi & Manoela – J. Guimarães
295. 10 dias que abalaram o mundo – John F
296. Numa fria – Charles Bukowski
297. Poesia de Florbela Espanca vol. 1
298. Poesia de Florbela Espanca vol. 2
299. Escreva certo – E. Oliveira e M. E. B
300. O vermelho e o negro – Stendhal
301. Ecce homo – Friedrich Nietzsche
302(7). Comer bem, sem culpa – Dr. Fer Lucchese, A. Gourmet e Iotti
303. O livro de Cesário Verde – Cesário
305. 100 receitas de macarrão – S. Lance
306. 160 receitas de molhos – S. Lancello
307. 100 receitas light – H. e Â. Tonetto
308. 100 receitas de sobremesas – Celia Rib
309. Mais de 100 dicas de churrasco - Diziekaniak
310. 100 receitas de acompanhamentos – C.
311. Honra ou vendetta – S. Lancellotti